PARA ESTAR EN EL MUNDO

¿Por qué chocan Marte y Venus?

Venza al estrés y descubra el secreto
de la relación de pareja
para las nuevas generaciones

Marte y Venus

¿Por qué chocan Marte y Venus?

Venza al estrés y descubra el secreto
de la relación de pareja
para las nuevas generaciones

John Gray

OCEANO

¿POR QUÉ CHOCAN MARTE Y VENUS?
Venza al estrés y descubra el secreto de la relación de pareja para las nuevas generaciones

Título original: WHY MARS AND VENUS COLLIDE?

Tradujo MÓNICA VILLA QUIRÓS de la edición en inglés de Harper Collins Publishers, New York

© 2008, John Gray Publications

Publicado por primera vez por Harper, New York
Todos los derechos reservados

Publicado según acuerdo con Linda Michaels Limited, International Literary Agents

D. R. © 2008, EDITORIAL OCÉANO DE MÉXICO, S.A. de C.V.
    Boulevard Manuel Ávila Camacho 76, 10º piso,
    Colonia Lomas de Chapultepec, Miguel Hidalgo,
    Código Postal 11000, México, D.F.
    ☎ (55) 9178 5100   📠 (55) 9178 5101
    ✉ info@oceano.com.mx

PRIMERA EDICIÓN

ISBN 978-970-777-381-3

HECHO EN MÉXICO / IMPRESO EN ESPAÑA
MADE IN MEXICO / PRINTED IN SPAIN
9002298010308

Dedico este libro con profundo amor y afecto a mi esposa, Bonnie Gray.
Su amor me ha respaldado para ser lo mejor que puedo ser
y para compartir con los demás lo que hemos aprendido

Índice

Agradecimientos

Agradezco a mi esposa Bonnie por compartir el desarrollo de este libro conmigo. Ha sido una gran maestra y también mi mejor admiradora; una enorme fuente de consejo, cuya capacidad para amar es una gran inspiración. Le agradezco el que haya ampliado mi habilidad para comprender y honrar el punto de vista femenino. Esta perspectiva no sólo ha enriquecido nuestra vida en común, sino que es la base de muchas de las recomendaciones que aparecen en este libro.

Agradezco a nuestras tres hijas: Shannon y su esposo, Jon Myers; Juliet y su esposo, Dan Levinson; y Lauren, por su constante amor y respaldo. Nuestras conversaciones han enriquecido sin lugar a dudas mi perspectiva sobre lo que implica ser una mujer joven en la actualidad. El amor que compartimos y los muchos desafíos que ellas han vencido me han ayudado a fundamentar muchas de las ideas prácticas de *¿Por qué chocan Marte y Venus?* También agradezco a nuestra nueva nieta Sophia Rose por la gracia y placer que ha traído a nuestra familia.

Agradezco a mi equipo: Bonnie Gray, Juliet Levinson, Jeff Owens, Melanie Gorman, Dean Levin, Neil Dickens, Ellie Coren y Sherrie Natrass por su infatigable apoyo y trabajo en la organización y producción de mis conferencias, seminarios, artículos, programas de televisión, programas de radio e infocomerciales; en el desarrollo y distribución de productos de nutrición; en la asistencia por teléfono y en los sitios MarsVenus.com, AskMarsVenus.com,

MarsVenusDating.com, en el programa de capacitación Mars Venus Coaching, en MarsVenusGoCleanse.com y en los retiros Mars Venus Wellness Retreats. Es un grupo pequeño que hace mucho. También quiero agradecer a cientos de personas que ayudan a nuestro equipo a llevar este mensaje al mundo.

Agradezco a mis editores, Kathryn Huck y Diane Reverand, por sus brillantes comentarios, sugerencias y experiencia editorial, y a la directora ejecutiva en jefe de HarperCollins, Jane Friedman, y al editor Jonathan Burnham por su visión y motivación. Agradezco también al maestro Steven Kunkes por revisar los capítulos científicos para asegurar su precisión.

Si bien es cierto que las ideas de ese libro tuvieron como inspiración mis experiencias personales en cuanto a la creación de una relación amorosa y en la labor de ayudar a otros a hacer lo mismo, sin las miles de personas que han compartido de manera generosa sus conocimientos, experiencias e investigación, el libro no podría contener tanta riqueza. Cada página encierra una gema de sabiduría que he valorado mucho al escucharla y que sé que tú, lector, harás lo mismo. Para juntar todas estas ideas, ha sido necesario un equipo comprometido de maestros en salud, felicidad y relaciones, escritores, entrenadores, investigadores, terapeutas, doctores, enfermeras, pacientes y participantes en seminarios a lo largo de treinta años para refinarlas y desarrollarlas. Gran parte del desarrollo de las ideas nuevas que aparecen en *¿Por qué chocan Marte y Venus?* se realizó mediante reuniones y seminarios especiales que tuvieron lugar en el Centro de Bienestar Mars Venus en el norte de California a lo largo de los últimos cinco años.

Agradezco a los colegas y expertos que me ayudaron durante mis investigaciones: doctor Daniel G. Amen, John y Cher Anderson, Jack Canfield, Warren Farrell, Jim y Kathy Cover, Tony y Randi Escobar, doctor Solar Farahmand, doctor Mitzi Gold, doctor Dennis Harper, doctor William Hitt, Peter y Sarah Greenwall, doctor Tom MCNeillis, doctor Gary Gordon, Ron Reid, doctor Brian Turner, Harv Ecker y doctora Cynthia Watson.

Agradezco al millar de personas que han compartido sus experiencias personales, preocupaciones y comentarios. El entusiasmo que mostraron con este texto me ha servido de motivación y me ha dado la confianza para escribir este libro.

Agradezco a mis muchos amigos y familiares por su apoyo y acertadas sugerencias: Robert Gray, Tom Gray, David Gray y Virginia Gray, Darren y Jackie Stephens, Clifford McGuire, Ian y Ellen Coren, Martin y Josie Brown, Anfres y Reggie Henkart, Mirra Rose, Lee Shapiro, Gary Quinton, Russ y Carol Burns, Rhonda Collier, Rami El Batrawi, Sherrie Bettie, Max y Karen Langenburg y Malcolm Johns.

Agradezco a mis padres, Virginia y David Gray, por su amor y respaldo, y a Lucille Brixey quien siempre fue como una segunda madre para mí. Aunque ellos ya no están con nosotros, su amor y apoyo aún me rodean y bendicen.

Introducción

La vida se ha vuelto más complicada en los últimos cincuenta años. Algunas de las causas del estrés que padecemos en nuestra acelerada vida moderna son: más horas laborales que se ven intensificadas por problemas de transporte y tráfico; el aumento en el costo de vivienda, comida y asistencia médica, el incremento en deudas por el uso de tarjetas de crédito; y la responsabilidad conjunta de trabajar y cuidar de los hijos en familias de dos profesionistas. A pesar de las nuevas tecnologías diseñadas para estar en contacto, la sobrecarga y accesibilidad de internet las veinticuatro horas y los celulares, en realidad, han reducido nuestra comunicación al nivel del mero envío de mensajes. Estamos ocupados al máximo y nos queda poca energía para nuestras vidas privadas. A pesar del aumento en independencia y en oportunidades de ser exitosos en nuestros trabajos, muchas veces nos encontramos con una sensación de aislamiento y agotamiento en el hogar.

Los niveles sin precedentes de estrés que padecen tanto hombres como mujeres están teniendo consecuencias en nuestra vida romántica. Ya sea que seamos solteros o que nuestros compromisos sean sólidos, usualmente estamos demasiado ocupados o cansados para albergar sentimientos de atracción, motivación y afecto. El estrés cotidiano nos deja sin energía y paciencia y con la sensación de agotamiento o agobio que no nos permite disfrutar el uno del otro y apoyarnos mutuamente.

Lo más común es que estemos demasiado ocupados para ver lo obvio.

Un hombre está dispuesto a dar su corazón y espíritu para ganar suficiente dinero con el propósito de mantener a su familia, pero está muy cansado cuando regresa a casa para tan sólo platicar con ellos. Una mujer está dispuesta a dar y dar apoyo a su esposo e hijos, y luego siente rencor porque no recibe el mismo tipo de apoyo que ella busca al dar. Bajo la influencia del estrés, los hombres y las mujeres nos olvidamos de por qué hacemos lo que hacemos.

En mis viajes alrededor del mundo, enseñando los conocimientos de Marte y Venus, he sido testigo de una nueva tendencia en las relaciones debido al aumento en el estrés. Tanto las parejas como los solteros creen que están muy ocupados o exhaustos para resolver los asuntos de una relación y, usualmente, piensan que sus parejas son o demasiado exigentes o simplemente tan diferentes que es imposible comprenderlos. Por tratar de lidiar con el aumento en el estrés que significa ganarse la vida, tanto hombres como mujeres se sienten olvidados en sus casas. Mientras que algunas parejas experimentan un aumento en la tensión, otras simplemente se han dado por vencidas, ocultando sus necesidades emocionales debajo de un tapete. Quizá sigan adelante, pero la pasión ya desapareció.

Los hombres y las mujeres siempre han tenido que enfrentar desafíos en sus relaciones pero con el incremento en el estrés que conlleva la vida moderna, esos desafíos son más grandes. Dado el aumento en el estrés que genera el mundo exterior, nuestras necesidades en el hogar han cambiado de forma dramática. Si no comprendemos las nuevas necesidades de nuestras parejas para poder enfrentarse al estrés, sólo permitimos que las cosas se pongan peor en lugar de mejorarlas.

Por fortuna, también existe una nueva manera de comprender y enfrentar el aumento en los niveles de estrés. En lugar de ser otro problema que tenemos que resolver, las relaciones pueden ser, en sí mismas, la solución. En lugar de llegar a casa a enfrentarnos a todo un nuevo conjunto de problemas y tensiones, podemos convertir al hogar en un refugio seguro de amoroso apoyo y comodidad. La comprensión de cómo los hombres y las mujeres enfrentan de manera diferente el estrés nos ofrece una nueva perspectiva que nos permite mejorar nuestra comunicación para dar y recibir apoyo de forma exitosa en nuestras relaciones.

Los hombres y las mujeres pueden reconciliarse con adecuadas destrezas de comunicación, pero cuando aparece el nuevo ingrediente del estrés adicional de nuestras ocupadas vidas, Marte y Venus chocan. El estrés es la causa principal por la que peleamos, pero el hecho de que los hombres y las mujeres lidiamos de diferente forma con el estrés es lo que realmente yace en la raíz de nuestros conflictos. Aunque los hombres y las mujeres son similares, cuando se trata de estrés son muy diferentes. Entre más estrés, más se intensifican estas diferencias. En vez de enfrentar los desafíos de la vida y crecer juntos con amor, muchas parejas se alejan para formar una relación distanciada que, si bien es cómoda, carece de pasión, o se ven abrumados por sentimientos de rencor, confusión y desconfianza que tienen como conclusión peleas explosivas.

Es como si algunas veces viniéramos de planetas totalmente distintos; los hombres son de Marte y las mujeres son de Venus. Si no contamos con una manera positiva de comprender los diferentes mecanismos que tenemos para encarar el estrés, Marte y Venus chocan en lugar de unirse.

Los hombres y las mujeres no sólo responden de manera única al estrés, sino que también es diferente el tipo de apoyo que necesitan para liberarse de él. En cada capítulo de *¿Por qué chocan Marte y Venus?* exploraremos las diferentes formas en las que los hombres y las mujeres experimentan el estrés, así como las mejores alternativas para enfrentarlo y para apoyarse. Mi objetivo al escribir este libro es proporcionarte una nueva manera de comprenderse el uno al otro y ofrecer estrategias efectivas que te permitan crear un relación saludable y feliz que disminuya tus niveles de estrés.

Entre más conscientes estemos de nuestras diferencias naturales, más tolerantes seremos cuando, y en caso de que, esas diferencias se presenten. En lugar de pensar qué le pasa a tu compañero o compañera, podrás reflexionar sobre qué es lo que está mal en el modo en el que tú lo apoyas. En lugar de concluir que tu pareja de manera consciente está siendo desconsiderada, puedes sentir algo de alivio al saber que ignora lo que sucede, que no tiene una pista que seguir. En muchas ocasiones las parejas carecen de un entendimiento real de cómo las cosas le afectan a cada uno en particular.

Aceptar nuestras diferencias puede aligerar de inmediato nuestras relaciones. Muchas personas sienten que llevan una carga pesada en sus vidas porque creen que tienen que sacrificarse para agradar a sus parejas. Esta actitud debe cambiar.

Es cierto que toda relación requiere ajustes, compromisos y sacrificios, pero no es necesario que nos olvidemos de nosotros. Al contrario, podemos llegar a un compromiso razonable y justo. La vida no se trata de que consigamos todo tal cual lo deseamos. Cuando compartimos, nuestros corazones se abren.

Si un avión despega y vuela con el piloto automático, llegará a su destino. Pero aunque parece que el curso que sigue es perfecto, no lo es. En cada punto de la ruta, el curso varía debido al cambio en la velocidad del viento y la resistencia del avión. Puede no ir siempre conforme el plan de vuelo, pero, en general, se dirige en la dirección correcta. Un avión que vuela con el piloto automático tiene que hacer ajustes constantes para corregir la dirección.

Las relaciones son iguales. Nadie es perfecto, pero tu pareja puede ser la perfecta para ti. Si insistimos en enmendarnos y adaptarnos, podemos crear una vida repleta de amor. Cuando reconocemos nuestros errores y corregimos nuestras actitudes, podemos reducir la tensión que hay en nuestra relación.

Si no comprendemos las diferentes necesidades de cada género, los hombres y las mujeres estarán ajustando sus acciones y reaccionando sin sentido. Todo nuestro comportamiento puede estar dirigiéndose en sentido contrario al adecuado. Mi propósito en *¿Por qué chocan Marte y Venus?* es que cada uno de ustedes comprenda y desarrolle las técnicas necesarias para enfrentar los efectos nocivos del estrés y para guiarlos en la dirección correcta, hacia una vida de amor.

Empezaremos por examinar una nueva y dramática fuente de estrés que ha aparecido en nuestras vidas por el cambio en los papeles que desempeñan los hombres y las mujeres. El aumento en la presión para que las mujeres trabajen fuera de casa y la disminución de la capacidad del hombre para ganar lo suficiente como proveedor único han resquebrajado los cimientos de nuestra sociedad. El complejo mosaico de funciones y expectativas tradicionales de hombres y mujeres, diseñado y refinado durante miles de años, se ha roto, y todavía no acabamos de levantar los pedazos.

Jamás en la historia habíamos sido testigos de un cambio social en tal magnitud en un periodo tan breve. Las mujeres ahora gozan de igualdad de derechos, mayor nivel educativo, liberación sexual y mayor independencia financiera, por lo que ahora cuentan con más opciones para crear una mejor vida que antes, pero en la casa tendemos a estar más estresados. Jamás en la historia se ha esperado tanto de las mujeres y, en Venus, esto puede ser agobiante. Por supuesto, el estrés se transmite de manera inmediata a Marte y el resultado son los malentendidos, las fricciones y una sensación de impotencia.

Después de ver los cambios que se han dado en las expectativas que tenemos de una relación, repasaremos las investigaciones científicas más novedosas que muestran y sustentan las diferencias entre los sexos que he descrito de manera anecdótica en todos mis libros. Hay razones psicológicas que explican por qué las mujeres encuentran tranquilidad al hablar de sus problemas y por qué los hombres prefieren encerrarse, o por qué las mujeres pueden realizar múltiples actividades y recordarlo todo, mientras que los hombres sólo se concentran en una sola cosa a la vez, olvidándose de todo lo demás. Ofreceré un resumen general, en términos fáciles de comprender, de las investigaciones más recientes para mostrar cómo los cerebros y las hormonas de los hombres y las mujeres están programados para reaccionar de manera diferente al estrés.

Al examinar cómo difieren nuestros comportamientos en situaciones de estrés, por ejemplo en el caso de la lista interminable de pendientes que tiene toda mujer, mi intención es que puedas entender cómo nuestras diferentes reacciones al estrés hacen que choquemos. ¿Por qué chocan Marte y Venus? te permitirá comprender en verdad cómo los hombres y las mujeres son diferentes.

Pero recordar y comprender nuestras diferencias es sólo la mitad del camino. La otra mitad se trata de cambiar nuestro comportamiento, de aprender a lidiar de forma más eficaz con el estrés. El objetivo de este libro es ayudarte a descubrir nuevas maneras de reducir tu estrés y de ayudar a tu pareja a disminuir el suyo. Ya sea que en este momento vivas en pareja o seas soltero, descubrirás toda una variedad de nuevas y prácticas formas de relacionarse que te facilitarán la comunicación, mejorarán tu estado de ánimo, aumentarán tu energía, elevarán el nivel de atracción con tu pareja, generarán armonía en tu relación y te permitirán disfrutar una vida de amor y romance. Descubrirás por qué la comunicación se rompe o por qué tus relaciones pasadas han fracasado, además de lo que ahora puedes hacer para asegurar el triunfo en el futuro.

Te guiaré por la anatomía de una pelea y te ofreceré técnicas a prueba de error para que puedas detenerla antes de que se convierta en un asunto doloroso y, también, consejos para la reconciliación. Pero aún más importante, te enseñaré a evitar del todo las disputas al hacer de "Venus habla" un ritual en sus vidas y que les permitirá a las venusinas relajarse y a los marcianos les dará una gran sensación de logro, todo con mínimo esfuerzo.

Por último, sugeriré una variedad de maneras para reducir el estrés en las relaciones mediante tu participación en el mundo y la búsqueda de cosas nuevas para enriquecer tu vida. Cuando aprendas a enfrentar de forma más eficaz el estrés y recuerdes que las diferencias entre los sexos han sido programadas en el cerebro, culparás al estrés y no a tu pareja por tus problemas. En lugar de esperar que tu pareja cambie, aprenderás a reducir tus niveles de estrés. Cuanto tu estrés se reduzca, te liberarás del impulso que te lleva a culpar o querer cambiar a tu pareja. Por el contrario, recordarás y experimentarás el placer de amar y aceptar a tu pareja tal cual es, igual que cuando te enamoraste. Marte y Venus giran alrededor del Sol siguiendo sus propias trayectorias en perfecta armonía, así como deben hacerlo los hombres y las mujeres para crear un amor duradero.

Para cualquier apoyo adicional únete a los millones que ya me visitan cada semana en mi sitio de internet www.marsvenus.com. Puedes profundizar la comprensión de nuestras diferencias mirando el programa por internet gratuito o escuchando mi programa de radio. Cotidianamente, también contesto en línea tus preguntas sobre las relaciones y la bioquímica de la salud y la felicidad. Además, si deseas apoyo adicional para tu relación personal en cualquier hora o lugar, ya sea planificada o en caso de crisis, pueden hablar en línea o por teléfono con un asesor de relaciones Marte Venus. También puedes escuchar las teleconferencias que establecemos de manera regular y en las que aprovecho para explorar muchas estrategias y recursos que nos permiten mejorar la comunicación, reducir el estrés, disfrutar de mejor salud, felicidad y relaciones amorosas.

Además, te invito a que formes parte de la Comunidad para el Bienestar Marte Venus (Mars Venus Wellness Community), donde ofrezco asesoría específica para cada sexo sobre una nutrición saludable y limpieza celular del cuerpo. Así como hacer ajustes en tu comportamiento puede significar una enorme diferencia cuando se trata de reducir los niveles de estrés, también ciertos cambios, pequeños pero significativos, en lo que comes y en tu rutina de ejercicio puede hacer una diferencia sustancial.

Espero que después de tu lectura de *¿Por qué chocan Marte y Venus?* sientas el mismo entusiasmo que yo y compartas con los demás estos nuevos recursos e información. Juntos podemos crear un mundo mejor, una relación a la vez.

Doctor John Gray, abril de 2007

1 ¿Por qué chocan Marte y Venus?

Ésta es una escena que se representa al final del día en todas partes:

Susan hace malabares con su computadora portátil y las bolsas de comida que trae cargando mientras trata de abrir la puerta del condominio que comparte con su esposo, Marc.

—¡Hola, perdón, se me hizo tarde! ¡Qué día! —grita para hacerse escuchar por encima del ruido del televisor que sale del estudio.

—Hola, cariño —le contesta él—. En un segundo estoy contigo. Nada más termina esta jugada.

Susan deja caer las bolsas sobre la mesa y se pone a ordenar la correspondencia que Marc dejó encima. Saca una botella de agua del refrigerador.

—Traje ingredientes para hacer ensalada y acompañar al pavo con chile que sobró —le grita a Marc, quien aparece por la cocina.

—Ay, me acabé el pavo cuando hablaste para decir que llegarías tarde. Me estaba muriendo de hambre —se acerca para darle un beso—. ¿Estás lista para la presentación?

—Pensé que cenaríamos antes de trabajar más en PowerPoint. Creo que mi presentación puede quedar mucho mejor. Mi supervisor realmente confía en mí. Esto me tiene en verdad nerviosa.

–¡Estoy seguro de que está perfecta! Estás exagerando —le dice, tratando de tranquilizarla—. Eres demasiado perfeccionista.

–No lo creo. Es sólo que no siento que esté terminada. Es algo en verdad importante.

–Quizá deberíamos salir a comer algo, así te relajarías. Yo bien puedo no ver el partido.

–¿Estás bromeando? Tengo demasiado en qué pensar, y me gustaría dormir bien esta noche.

–Bueno, podríamos pedir comida...

–Estoy tratando de comer de forma saludable, una pizza no viene al caso. Voy a preparar unos huevos revueltos o un omelet y pan tostado. Me caería bien algo de comida casera.

–Como quieras...

–Por cierto, ¿te acordaste de recoger mi traje negro?

Cuando ve la expresión de Marc, se pone furiosa.

–No puedo creerlo, se te olvidó. Quería usar ese traje mañana.

–Tienes un clóset entero lleno de ropa...

–Ése no es el punto, hasta te lo recordé.

–Bueno, mañana me levanto muy temprano justo a la hora que abre la tintorería. Estaba demasiado cansado para ir hoy.

–Mejor olvídalo. Quiero salir temprano.

–Susan, realmente lo siento. La verdad se me olvidó.

–Exacto. Muchas gracias. Todo lo que quería era algo de ayuda para estar lista para un día importante como mañana.

Queda claro con esta conversación que el resto del día no será muy agradable para Susan y Marc, y que se avecina una pelea. En el mejor de los casos, es casi seguro que no estarán de humor para una noche de romance. Lo que sucedió entre Susan y Marc saca a relucir los puntos de fricción más comunes en las relaciones de las pareja actuales. La fuerte tensión del trabajo de Susan, sus expectativas sobre el comportamiento de su esposo en las cosas de la casa, el hecho de que éste no se acordara de lo que Susan le pidió, la poca importancia que le dio a su nerviosismo y el intento por solucionar sus problemas se conjuntaron para crear una situación explosiva.

La lectura de *¿Por qué chocan Marte y Venus?* te ayudará a reconocer las suposiciones que hacemos todos los días y en las que se nos olvida tomar en consideración las diferencias tan importantes entre hombres y mujeres.

Debemos cuestionar nuestros supuestos sobre cómo deben ser los hombres y las mujeres, y empezar a aprender en términos prácticos quiénes somos, lo que nos podemos ofrecer uno a otro y cómo trabajar en conjunto para resolver los nuevos problemas a los que nos enfrentamos en la actualidad. Podemos crear un esquema de los papeles de los hombres y las mujeres para vivir en mayor armonía.

El principal problema que tenemos en casa es que las mujeres esperan que los hombres reaccionen y se comporten como lo hacen ellas, mientras que los hombres siguen malinterpretando las necesidades de las mujeres. La carencia de una comprensión correcta y positiva de estas diferencias hace que la mayoría de las parejas empiecen a tener la sensación de que están solos, en lugar de contar con el apoyo que sentían al principio de su relación.

> *Las mujeres esperan, y esto es un error, que los hombres reaccionen y se comporten como lo hacen las mujeres, mientras que los hombres siguen malentendiendo las necesidades de las mujeres.*

A los hombres les encanta resolver problemas, pero cuando todos sus esfuerzos no dan en el blanco y no son apreciados a la larga pierden el interés. Cuando su esfuerzo es bien comprendido, los hombres se vuelven más hábiles para ayudar a las mujeres a enfrentar la carga del aumento de estrés en sus vidas. Este libro ayuda a explicar este dilema de forma tal que la mayoría de los hombres puedan comprenderlo y apreciarlo. Y aunque el compañero de una mujer no lea este libro, sí hay esperanza. *¿Por qué chocan Marte y Venus?* no pretende sólo que los hombres comprendan a las mujeres. También intenta que las mujeres se entiendan a sí mismas y aprendan a pedir de manera afable lo que necesitan. Las mujeres aprenderán nuevas maneras de comunicar sus necesidades, pero, lo que es más importante, las lectoras aprenderán a no rechazar el apoyo que los hombres están dispuestos a dar.

A continuación tenemos otra típica escena:

Joan está limpiando los restos de la cena de sus hijos cuando escucha que el carro de Steve entra a la cochera. Entra por el cuarto de aseo, sosteniendo una conversación importante en su teléfono celular.

—No puedo creer que hicieran eso. Se suponía que debíamos presentar los papeles al final de la próxima semana. ¿Cómo vamos a tenerlo todo listo para este viernes? ¿Crees que puedas conseguir un aplazamiento para el lunes? Haz todo lo que puedas. Avísame en cuanto sepas algo.

Deja caer su portafolios y se recarga en la mesa al tiempo que se apresta a revisar los mensajes en su BlackBerry.

—Parece que tuviste un día tan terrible como el mío —dice Joan—. ¿Te gustaría tomar una copa de vino? Podemos sentarnos y hablar. Ha sido un día largo.

—Vino, mmh, no —contesta él, distraído con un mensaje—. Mejor tomo una cerveza y veo las noticias un rato.

—No pude evitar escuchar tu conversación —saca Joan una botella de cerveza del refrigerador para Steve—. ¿Quiere decir que no podrás asistir al torneo de hockey de Kyle este fin de semana? Se sentirá tan decepcionado. Y yo tengo que llevar a Melanie a su clase de danza, y a Jake a la práctica de basquetbol y a su asesoría. No puedo estar en tres lugares al mismo tiempo.

—No quiero pensar en eso ahora. A lo mejor ni siquiera se da el caso. Si no podemos posponer la fecha, tendré todo el tiempo del mundo este fin de semana, pero seré un completo inútil. No te preocupes, ya lo solucionaremos.

—Pero yo también tengo compromisos. ¿Cuándo crees que sabrás?

—No creo que podamos saber nada sino hasta en la mañana.

—¿Qué quieres para cenar? Los niños estaban tan hambrientos que se devoraron el pollo.

—No importa, lo que tú quieras.

—Bueno, podríamos comer pasta o…

—De veras, Joan —la interrumpe Steve—. Lo que tú quieras. No quiero pensar al respecto.

–*Grandioso, qué bueno que aprecias las comidas que tengo que comprar y preparar, y en las que he trabajado todo el día. Veré qué puedo hacer.*

Abre una alacena y ve su contenido:

–*Cuando terminemos de cenar, Kyle necesitará ayuda con álgebra. Sus calificaciones están bajando, y todo porque no deja de practicar todo el tiempo…*

–*En lo único que quiero pensar ahora es en acostarme en el sofá y atontarme con la voz del locutor.*

–*¡Papá, ya llegaste!* — *entra corriendo a la cocina el pequeño Jake, cargando su nueva pelota de basquetbol*—. *¿Quieres jugar un rato a la pelota?*

–*¡Hola, cuate!* —*saluda Steve con cansancio a su hijo.*

–*Jake, ahora no* —*dice Joan*—. *Tu papá está exhausto. ¡Y tú deberías estar haciendo la tarea!*

–*¡Ustedes nunca quieren divertirse!*

Joan y Steve se voltean a ver y saben que su hijo tiene razón. Parece que nunca hay tiempo para relajarse y disfrutar los frutos del arduo trabajo. Hoy en día hay tantas parejas como Joan y Steve que sienten esta frustración y confusión a medida que tienen que lidiar con el estrés de la vida diaria.

En esta escena, en lugar de pensar en las necesidades únicas del otro para aliviar el estrés de un día pesado, Joan y Steve están encerrados en sus propios mecanismos de defensa Marte/Venus, lo que causa considerable fricción entre ellos.

El estrés intensifica nuestras diferencias

Las relaciones se fracturan porque los hombres y las mujeres se enfrentan de manera muy distinta al estrés. Los hombres son de Marte y las mujeres son de Venus, y el estrés intensifica nuestras diferencias. Cuando no comprendemos los distintos mecanismos que tenemos para lidiar con el estrés, Marte y Venus chocan.

El principal desafío al que nos enfrentamos hoy en día es que los hombres y las mujeres lidian de manera muy distinta con el estrés.

Dado que los hombres y las mujeres no reaccionan al estrés de la misma manera, también cambia el tipo de apoyo que cada uno necesita para aliviar el estrés. Lo que le puede ayudar a un hombre a liberarse del estrés puede ser justo lo opuesto de lo que puede ser útil a una mujer para sentirse mejor. Mientras que él se retira a su cueva para olvidarse de los problemas del día, ella quiere interactuar y comentar los asuntos del día. Cuando ella comparte sus frustraciones, él le ofrece soluciones, pero ella en realidad lo que está buscando es empatía. Sin la clara comprensión de las necesidades y la reacción al estrés propias de cada uno es inevitable que sientan que no tienen apoyo y que no son apreciados. Si recordamos que los hombres son de Marte y las mujeres son de Venus, podemos vencer esta tendencia a chocar y unirnos de forma que nos podamos brindar apoyo mutuo. En lugar de ser otra fuente más de estrés, nuestras relaciones de pareja pueden ser un refugio seguro en el que podremos contar siempre con el otro para recibir soporte, consuelo y seguridad. Es necesario que comprendamos nuestras diferencias si queremos ayudarnos para vencer este desafío. Este nuevo entendimiento de la diferente reacción que tienen los hombres y las mujeres al estrés permitirá que nuestras relaciones prosperen en lugar de sólo sobrevivir.

Las investigaciones científicas más recientes, que aparecen más detalladamente en los siguientes dos capítulos, revelan que estas diferentes reacciones al estrés están programadas en nuestros cerebros y, en gran medida, dependen de nuestro equilibrio hormonal. Estas reacciones se agudizan más entre mayor sea el estrés. En *¿Por qué chocan Marte y Venus?* usaremos estos nuevos conocimientos científicos aunados al sentido común para guiar nuestro camino. Estar conscientes de nuestras diferencias bioquímicas innatas nos libera de esa compulsión dañina de cambiar de compañeros y nos permite festejar nuestras diferencias. En lugar de sentir resentimiento mutuo, podemos reírnos de nuestras diferencias. En términos prácticos, no podemos cambiar la manera en que nuestro cuerpo reacciona al estrés, pero sí podemos modificar la forma en que respondemos a la reacción al estrés de nuestro compañero. En lugar de ofrecer resistencia, sentir resentimiento e incluso rechazar a nuestra pareja, podemos aprender cómo dar el apoyo que ésta necesita y también cómo conseguir el que nosotros necesitamos.

Cuando la desesperación se transforma en esperanza, el amor que sentimos en nuestro corazón puede fluir de nuevo. Todos sabemos por instinto que amar significa aceptar y perdonar, pero hay ocasiones en las que somos incapaces de sentir eso. Con esta perspectiva, descubrirás un nuevo nivel de aceptación y de amor que transformará tu vida. En vez de tratar de cambiar lo que no se puede cambiar, podrás concentrarte en lo que sí es posible. En este proceso descubrirás que tienes el poder de sacar a relucir lo mejor que hay en tu pareja.

> *En lugar de rumiar en lo que no estás recibiendo o no deseas,*
> *te concentrarás en lo que sí quieres y en lo que puedes obtener.*

Esta nueva comprensión de tu relación te servirá como cimiento para crear una vida llena de amor. Las escenas que se ejemplifican en este capítulo demuestran algunas de las formas más comunes en las que chocan los hombres y las mujeres. Es probable que te identifiques con alguno de estos puntos de conflicto o quejas, que son los que más suelo escuchar cuando asesoro a mujeres y hombres tanto solteros como casados.

QUEJAS DE VENUS	QUEJAS DE MARTE
Deja todo tirado en la casa. Estoy cansada de recoger su desorden.	Siempre hay algo que no he hecho.
Los dos salimos a trabajar. Cuando llegamos a casa, ¿por qué no hace su parte y ayuda más?	Ella siempre tiene algo nuevo de qué quejarse.
Él se sienta frente al televisor mientras yo hago todo. No soy su sirvienta.	Quiere que todo se haga justo en ese momento. ¿Por qué no se relaja?

QUEJAS DE VENUS	QUEJAS DE MARTE
No puedo creer que se le olvide todo. No puedo confiar en él para que haga algo que sea importante para mí.	No puedo creer que se acuerda de todos mis errores y sigue hablando de ellos.
Tengo que hacer malabares con tantas cosas, y a él no parece importarle ni tiene ganas de ayudar.	Cada vez que ofrezco mi ayuda, ella siempre encuentra algo malo en mis sugerencias. ¿Para qué intentarlo?
La única ocasión en la que me ayuda es cuando yo se lo pido. ¿Por qué no puede hacer su parte como yo hago la mía?	Ella espera que lea su mente y sepa qué es lo que quiere con toda exactitud.
Cuando trato de hablar con él, está distraído o no deja de interrumpir ofreciendo soluciones.	Si logro relajarme o pasar un rato con mis amigos, ella se queja de que no pasamos suficiente tiempo juntos.
Cuando decide hablar, no para y no muestra ningún interés en lo que yo digo. Desearía que me diera menos consejos y me ayudara más.	Ayudo en las labores de la casa, pero aun así ella está exhausta. Nunca se reconoce o aprecia lo que yo hago.
Se pone de tan mal humor, tan molesto. No sé qué hacer para ayudar. Me saca de su vida con tanta facilidad.	Nunca sé cuándo va a explotar y soltar una larga lista de quejas. Siento como si caminara sobre cáscaras de huevo cuando estoy con ella.
Solía ser más afectuoso y se interesaba más en mí. Ahora, me ignora a menos de que quiera algo.	Todo el tiempo se queja de algo. Nada la hace feliz.
Ni siquiera se fija en mí. ¿Acaso es demasiado pedir un piropo de vez en cuando?	Todo lo convierte en una tormenta. ¿Por qué tiene que ser tan sensible?
No puedo hablar de cómo me siento y lo bueno que sería no tener esa sensación de que lo estoy controlando y diciéndole qué debe hacer.	Ella se queja de que trabajo demasiado, o de que no tenemos dinero suficiente. No hay forma de quedar bien.
Nunca tenemos tiempo para el romance. Él siempre está trabajando, viendo televisión, soñando o dormido.	Cuando me siento romántico, ella está demasiado cansada o agobiada con toda la cantidad de cosas que tiene que hacer.
La única ocasión en la que me toca es cuando quiere sexo.	Tengo la sensación de que debo saltar obstáculos para poder tener sexo con ella.

QUEJAS DE VENUS	QUEJAS DE MARTE
Me paso todo el día con los niños, y entonces, él llega a casa y quiere decirme todo lo que hago mal.	Cuando paso un rato con los niños, corrige todo lo que hago. Dice que quiere un descanso, pero no deja de decirme qué debo hacer.
Siempre que se pone a hablar de las finanzas, nos peleamos. Parece que no le importa mi opinión.	Cuando revisamos las cuentas, ella me cuestiona sobre la forma en la que gasto el dinero. No me gusta que ella me diga lo que tengo que hacer.

¿Alguna de estas quejas suena conocida? Son sólo la punta del iceberg, pero ejemplifican una nueva tendencia en las relaciones. Si vemos nuestras diferencias con nuevos ojos, no sólo enriqueceremos la comunicación en nuestra relación, sino que también podremos construir una base sólida para apoyar el resto de las áreas de nuestra vida. Con esta nueva visión, estaremos más unidos para lidiar con el estrés en lugar de separarnos de manera violenta.

Por qué estamos estresados

Una nueva y dramática fuente de estrés en nuestras vidas que ha surgido en los últimos cincuenta años ha sido el cambio en las funciones que desempeñan los hombres y las mujeres. El hombre solía ir al trabajo para mantener a su familia. El sentimiento de orgullo y logro que sentía, en conjunto con el amor y apoyo que recibía cuando regresaba a casa, le ayudaba a lidiar con las diferentes fuentes de estrés que enfrentaba durante el día.

Las mujeres solían pasar la mayor parte del día creando un hermoso hogar y vida familiar, a la vez que daban apoyo a los amigos y ayudaban a la comunidad. Aunque ser ama de casa era una labor difícil, el hecho de tener tiempo para concentrarse en lo que tenía que hacer ayudaba a la mujer a controlar su estrés. Había trabajo que era de los hombres y trabajo que era de las mujeres. Cualquier exigencia adicional hacia su compañero, más allá de ser un buen proveedor, era mínima, y por lo general tenía que ver con cargar objetos pesados.

Con el aumento en los costos de la vida diaria, este estilo de vida ya no es una opción para todas las mujeres. Lo más usual es que la mujer tenga que contribuir en el aspecto financiero para mantener a la familia. Al mismo tiempo, el movimiento feminista ha despertado a las mujeres y ha servido a muchas de inspiración para buscar una carrera que las satisfaga y en la que pueden desarrollar sus talentos. Cuando una mujer regresa a casa de la oficina sintiendo que es la responsable de crear un bello hogar y una familia cariñosa, tiene que hacerlo en el tiempo que le sobra de su trabajo. Ésta es una nueva fuente de estrés y requiere un nuevo tipo de apoyo. No es de sorprenderse que las mujeres se sientan tan agobiadas cuando tratan de equilibrar las exigencias laborales y del hogar.

> *Tener un trabajo o una carrera ya no es sólo una opción para la mayoría de las mujeres, sino una necesidad.*

Los hombres también necesitan más apoyo. En lugar de regresar a casa a descansar y recuperarse después de un día estresante, el hombre se encuentra con una esposa y una familia que requieren más de él. Su esposa espera más ayuda en las labores de la casa y mayor participación en los apretados horarios de los niños. El hombre ya no disfruta de la sensación de logro que conlleva ser un buen proveedor, sino que regresa a casa a su siguiente trabajo. En alguna medida se esfuerza por dar apoyo, pero no tiene tiempo para recuperarse del estrés diario. A la larga, él también se siente cansado y molesto. Después de atender las diversas labores de la vida doméstica, hay poco tiempo e interés en las parejas para concentrarse en su relación. Este nuevo dilema hombre-mujer ha creado una fuente de estrés que afecta todas las áreas de nuestras vidas.

Aun en el caso de que una mujer decida quedarse en su casa, casi siempre está tan aislada que no puede conseguir el apoyo que necesita. Más de la mitad de todas las mujeres casadas trabajan, y el número de amigos y actividades disponibles para la mujer que no trabaja han disminuido de forma notable. Además, las exigencias de trabajo en un hombre que es el único proveedor económico de la familia son extremas debido a que mantener a una familia sobre la base de un único salario se ha convertido en algo muy difícil. El hombre ya no tiene tiempo ni energía para considerar que su matrimonio o relación es su principal prioridad ni para atender las necesidades de una pareja que parece exigirle demasiado.

En la actualidad, tenemos que enfrentarnos en la casa con las consecuencias de la vida de una mujer que ocupa cada vez más el papel del hombre en el trabajo. El éxito en el trabajo exige, casi siempre, un enorme sacrificio por parte de la mayoría de las mujeres. Dado que ya no tienen suficiente tiempo durante el día para desarrollar su lado femenino, las mujeres suelen sentirse cansadas, agotadas y resentidas. En la casa, los sentimientos naturales de comodidad, relajación, aprecio y delicadeza por lo general se ven opacados por los de ansiedad, apremio y agotamiento.

Es inevitable que si las mujeres no cuentan con las destrezas necesarias para lidiar con este estrés y satisfacer sus necesidades emocionales pongan sus expectativas en su contraparte masculina. Esto sólo genera más estrés en las relaciones personales. Los hombres y las mujeres están acostumbrados por hábito e instinto a representar papeles que fueron creados en un pasado lejano para un mundo muy diferente y, por tanto, sus relaciones ahora tienden a aumentar el estrés en lugar de disminuirlo.

Las mujeres quieren que los hombres sean más parecidos a ellas

Lo que hemos aprendido en el aspecto laboral es que las mujeres pueden hacer cualquier trabajo que hace el hombre. Sólo porque la mujer es distinta y tiene una manera única de resolver problemas, esto no significa que no puede ser tan capaz como un hombre. No es necesario que una mujer cambie lo que ella es sólo para ser respetada en el trabajo o en la casa.

Ser iguales no significa que somos lo mismo. Para respetarnos, debemos reconocer que somos diferentes y aceptar esas diferencias. El respeto es honrar a la persona por sí misma y tener la tolerancia para apreciar lo que él o ella tiene que ofrecer.

Ser iguales no significa que los hombres y las mujeres son lo mismo o que deberían ser lo mismo.

Así como las mujeres no deberían verse en la necesidad de cambiar para ser respetadas y apreciadas en el trabajo, los hombres no deberían tener que cambiar para estar en el hogar. Debido al incremento en las horas que trabajan fuera de la casa o en lo que se les exige como madres y amas de casa, es innegable que las mujeres necesitan más ayuda en el hogar, pero esa necesidad no debe ser una exigencia para que los hombres cambien su naturaleza.

En nuestra fantasía colectiva de la relación ideal, los hombres aún quieren regresar al hogar y encontrarse con una compañera feliz que ha preparado la cena en una casa sacada de la foto de una revista y que reacciona de inmediato a sus deseos sexuales. Aunque en la actualidad la mayoría de las mujeres no tienen el tiempo, la energía y la inclinación de satisfacer esta fantasía, también tienen expectativas poco realistas. Cuando las mujeres regresan del trabajo, muchas veces también desean que una amorosa y comprensiva esposa las esté esperando.

En la actualidad las mujeres están tan cansadas y estresadas que ellas también quisieran que una esposa feliz les diera la bienvenida en su hogar.

Esta tendencia en las relaciones está creando una nueva zona de conflicto. De varias maneras y en diferentes grados, las mujeres quieren que los hombres sean más como ellas. Quieren que los hombres compartan la misma responsabilidad en la casa y en la relación. Ya no es suficiente que un hombre sea un buen proveedor. Si ella trabaja fuera de casa, entonces, para ser justos, él debería contribuir al trabajo que se hace en la casa y ser más comprensivo en la relación. Si ella está haciendo "trabajo de hombres" entonces él debería hacer "trabajo de mujeres".

Esto suena bien, pero también hay otro punto de vista. Así como las mujeres quieren que los hombres cambien, los hombres no quieren que las mujeres cambien. La mayoría de los hombres, hasta cierto grado, quieren que sus parejas sean más como las divas domésticas que fueron sus madres. Un hombre quiere llegar a casa para encontrarse con una esposa comprensiva y amorosa. Dado que él hace lo mismo que hacía su padre, su esposa debe hacer lo mismo que hacía su madre. Inconsciente del esfuerzo que se requiere para organizar un hogar que funcione de manera óptima, él espera de ella lo imposible.

> *Expectativas poco realistas hacen casi imposible*
> *cualquier cambio en las funciones de los sexos.*

Así como los hombres se aferran a esas antiguas expectativas, las mujeres están creando nuevas expectativas que son igual de irreales. En diferentes grados, las mujeres desean un compañero comprensivo, dispuesto a platicar sobre las tensiones del día, que comparta todas las responsabilidades y los deberes domésticos. Ella también quiere que su compañero sea atento y romántico, que planee citas de placer incluso después de que haya resuelto toda una serie de problemas imprevistos y emergencias que suelen ser lo normal en la vida familiar. En pocas palabras, ella quiere una esposa que comparta con ella todas las labores domésticas y, luego, quiere un esposo que tenga la energía y motivación para una cita romántica aun después de haber hecho todo lo que los hombres suelen hacer, como arreglar cosas y resolver emergencias. A medida que los hombres se aferran a sus antiguas expectativas, las mujeres están creando expectativas nuevas. Estas expectativas, si bien son comprensibles, no son realistas.

> *A medida que los hombres se aferran a sus antiguas expectativas,*
> *las mujeres están creando expectativas nuevas.*

De la misma forma en que las mujeres no pueden hacerlo todo, tampoco pueden los hombres. Hoy en día las mujeres cargan un peso que es el doble del que cargaban sus madres. No sólo padecen la nueva presión económica y social de trabajar fuera de casa, sino que también padecen esa antigua presión genética de hacer un nido. Los instintos de dar y generar cariño en un hogar producen necesidades y patrones que fueron desarrollados por un largo linaje de mujeres.

> *El regreso de las mujeres a la casa después de un día de trabajo hace que aumenten los niveles de estrés.*

La mayoría de los hombres disfrutan un hogar que sea hermoso y ordenado, aunque bien puede regresar a una casa descuidada y relajarse sin problema mientras ven la televisión. En su mundo, lo primero es calmarse y luego viene la labor de encargarse del hogar. Al final de un día de extenuante trabajo, el hombre respira con profundidad y empieza a relajarse ante la mera idea de llegar a casa. Cuando una mujer regresa a casa, sus niveles de estrés aumentan. Cada célula de su cuerpo le dice: "Hay que limpiar esta casa antes de que podamos tranquilizarnos".

Así que, aunque quisiera descansar, no podría. Su mente está demasiado ocupada con los patrones que ella debe respetar. Esto también es verdad para las mujeres que no trabajan fuera de casa. En la mente de una mujer, hay una larga lista de cosas por hacer. Y hasta que no se hagan, es muy difícil que ella descanse, se relaje o haga cualquier cosa sólo por gusto.

Las mujeres son las ejecutivas en jefe de sus casas, organizan el hogar y deciden qué es lo que se tiene que hacer. Una mujer tiene que fijarse en todo lo que es necesario hacer y después solicitar la ayuda de su compañero. Casi todos los esposos están felices de hacer lo que se les pide en algún momento, pero es raro que en Marte alguien se dé cuenta de que hay algo que se necesita hacer. A veces es necesaria tanta insistencia para que se haga algo, que cuando al fin se hace la labor se realiza con tan pocas ganas que ella empieza a creer que sería más fácil si ella la hiciera. Las mujeres no comprenden por qué sus compañeros no tienen la misma motivación para compartir las responsabilidades del hogar y esto genera resentimiento.

*Cuando sufren estrés, las mujeres sienten la presión
de una lista de cosas que hay por hacer.*

Las mujeres son las guardianas del amor, la familia y la relación. Cuando las mujeres dejan de ser mujeres y tienen demasiado estrés para realizar estas funciones, todos estamos perdidos. Las mujeres les recuerdan a los hombres qué es importante en la vida. Las mujeres tienen la sabiduría del corazón y motivan a los hombres para que su comportamiento venga del corazón. Los hombres pueden ser grandes visionarios, pero las mujeres son las que crean la base significativa en la vida. Cuando las mujeres no son felices, nadie es feliz.

*Cuando las mujeres se convierten en hombres, los hombres pierden el objetivo,
el significado y la inspiración de la vida.*

Para resolver esta fuente de conflicto, los hombres y las mujeres necesitan comprenderse mejor. Los hombres tienen que entender la situación por la que pasan las mujeres. Una mujer ya tiene suficiente presión interior con respecto al orden doméstico. Cualquier presión adicional de parte del hombre puede empujarla a perder el equilibrio. Al mismo tiempo, las mujeres necesitan identificar y entender lo que los hombres pueden y no pueden hacer para dar mayor apoyo.

Cómo pedirle apoyo a un hombre

La mayoría de los hombres están colaborando más con las labores domésticas cuando sus esposas trabajan fuera de la casa para mantener a la familia. En el caso de parejas de profesionistas, si el hombre no ayuda lo suficiente, la respuesta es pedir su ayuda de forma específica en lugar de sólo criticarlo y rechazarlo. No tiene sentido esperar que un hombre vea todo lo que una mujer piensa que debe hacerse y, luego, esperar que haga algo. Las labores rutinarias de la casa no son urgentes en la agenda del hombre.

Una manera de hacerlo que funciona casi todo el tiempo es pedirle ayuda en términos específicos. A los hombres les encantan los proyectos. Los proyectos son específicos. Tienen un principio y un fin. Él puede decidir qué puede hacer, cómo lo va a hacer y, más importante, cuándo lo va a hacer. Por lo general, los hombres harán primero lo que consideran más importante. Cuando se les da un proyecto a realizar, ellos mismos se dan cuenta de que sus esfuerzos no serán ignorados. Todo esto les transmite energía y motivación. A continuación, damos algunos ejemplos de cómo una mujer puede pedirle ayuda a un hombre de forma específica y no general:

- Si en la noche ella está cansada, puede decir: "¿Prepararías por favor la cena hoy o elegirías algo para pedir a casa?".
- Si hay montones de ropa limpia, ella puede decir: "¿Me ayudarías hoy a doblar esta ropa?".
- Si ella no tiene ganas de limpiar la cocina, puede decir: "¿Limpiarías los platos hoy, por favor? Necesito un descanso".
- O si quiere ayuda con los trastes, en lugar de sólo esperar a que él se ofrezca, ella pude decir: "¿Me traerías los platos?" o "¿Me ayudarías hoy con las ollas y los platos? En verdad agradecería tu ayuda".
- Si necesita algo de la tienda de abarrotes, en lugar de hacerlo ella misma, podría pedir: "¿Irías a la tienda por estos artículos que faltan?".

En cada uno de estos ejemplos ella plantea proyectos que tienen principio y fin. Los hombres tienden a trabajar mejor en proyectos que en cosas rutinarias, dado que las rutinas no tienen un principio ni un fin claro. Cuando un hombre está cansado, es raro que la rutina doméstica sea una prioridad, como sí lo es para una mujer. Aunque esté cansado, un proyecto que tiene principio y fin o solución definida puede proporcionarle energía adicional, más aún si el tono de voz o la expresión de la mujer al hacer su petición indica que ella apreciará el resultado de su ayuda. Cuando él hace algo para ayudarla en lugar de hacerlo porque ella así lo espera o porque él debería, entonces tiene una sensación de cercanía con ella y estará más dispuesto a hacer lo mismo en el futuro. Esta buena disposición, basada en satisfacer muchas de sus pequeñas peticiones o proyectos, le dan más energía para poder brindar más apoyo en casa. Llegará un punto en el que él adquiera el hábito de ayudar cada vez más.

Los hombres trabajan mejor en proyectos que en rutinas.

Expectativas realistas dan como resultado un amor real

La mayoría de los hombres no están preparados para ser esos compañeros domésticos/comunicativos/románticos que las mujeres idealizan. Aunque algunos hombres intentan satisfacer esta fantasía, al final ambos terminan frustrados y decepcionados. Aunque él lo intente durante años, en algún momento se dará por vencido. Algunos hombres lo intentan durante la etapa del noviazgo y luego dejan de hacerlo porque no pueden satisfacer las expectativas de su compañera. Cuando esto sucede, el hombre puede perder interés de repente y ni siquiera saber por qué. Ya no siente el mismo interés por su compañera, y no porque ella no sea la adecuada para él, sino porque está tratando de cumplir con expectativas que son poco realistas. Una mujer debe considerarse afortunada si logra apreciar lo que el hombre le puede ofrecer porque así logrará recibir cada vez más.

*Un hombre pierde interés cuando siente
que ya no puede cumplir con las expectativas de una mujer.*

De la misma manera, la mayoría de las mujeres no están capacitadas para ser las compañeras domésticas/comunicativas/románticas que los hombres desean. No es realista que un hombre espere que una mujer forme un hogar hermoso sin ayuda ni aprecio, que siempre esté de buen humor, que nunca tenga necesidades y que responda de manera romántica en todo momento. Muchas mujeres hacen el esfuerzo de cumplir con esta fantasía, pero se sienten engañadas y traicionadas cuando sus compañeros no corresponden a su amor.

41

Cuando los hombres comienzan a entender las nuevas necesidades de la mujer, sienten una motivación natural para ayudar más. Los hombres que hacen este cambio deben asegurarse de que también tienen tiempo para sí mismos; de otra manera acabarán agobiados y exhaustos. Un hombre afortunado es el que logra satisfacer sus necesidades y luego responder a las necesidades de ayuda de la mujer en el hogar y en cuanto a una buena comunicación y romance, pues llegará a casa a encontrarse con una mujer feliz.

Por suerte, la realidad es más maravillosa que la fantasía. Buscamos el amor verdadero y, si nuestras expectativas son adecuadas, lo podemos encontrar. Juntos podemos hacer cambios que si bien son pequeños, también son significativos y nos permiten apoyarnos unos a otros con mayor eficacia. Adaptarse, ponerse al día y replantear nuestras expectativas nos permite liberarnos de la sensación de impotencia y de ser víctimas y nos pone a tono para conseguir lo que deseamos.

Además, este nuevo entendimiento sobre nuestras diferencias también nos permite identificar y recordar el problema real: el aumento en el estrés. En lugar de culpar a nuestras parejas, podemos culpar al estrés. Con frecuencia es un error concluir que somos demasiado diferentes para conseguir que nuestra relación funcione. La verdad es que el estrés puede provocar una grieta entre nosotros. Si aprendemos cómo apoyarnos a nosotros mismos y a nuestros compañeros en los momentos de mayor estrés, podemos aprender a reducir los niveles de éste. Cuando eliminamos el estrés de nuestra fórmula, nuestras diferencias dejan de ser un problema real. Cuando el estrés disminuye, nuestras diferencias se convierten en una fuente de satisfacción.

> *Cuando el estrés disminuye, nuestras diferencias se convierten en una fuente de satisfacción.*

Los hombres y las mujeres no se quejan de sus compañeros cuando se sienten bien. Los problemas y las exigencias surgen cuando estamos bajo tensión. Tenemos expectativas poco realistas cuando tratamos de conseguir que nuestro compañero disminuya nuestro nivel de estrés. Si entendemos que la manera en la que los hombres y las mujeres experimentan y reaccionan al estrés es diferente, podemos enfrentar el problema real que aqueja a las relaciones de hoy en día.

El problema nunca es sólo nuestra pareja, sino nuestra poca capacidad para lidiar con el estrés. Cuando entendemos cómo enfrentar el estrés de manera más eficaz y cómo ayudar a nuestros compañeros a lidiar con él, dejamos de aferrarnos a exigencias poco realistas. Es así cuando podemos disfrutar los sentimientos de aceptación, confianza y aprecio. Es sólo entonces que nuestras relaciones pueden prosperar.

> *El problema nunca es sólo nuestra pareja,*
> *sino nuestra poca capacidad para lidiar con el estrés.*

Si un hombre tiene que ceder a la presión de las expectativas poco realistas de una mujer, puede convertirse en un compañero doméstico, pero en pocos años el romance y la pasión habrán desaparecido. Si un hombre se parece más a una mujer en una relación, es inevitable que se sienta agobiado, exhausto y estresado.

> *Ceder a las expectativas poco realistas de la mujer*
> *deja al hombre exhausto.*

Esta inversión en las funciones puede acabar con facilidad con los sentimientos románticos. Si un hombre se vuelve más femenino, la atracción que en un principio ella sentía por él se pierde. En lugar de que los hombres se vuelvan más sensibles, lo que tienen que hacer es ser más sensibles *a las necesidades de la mujer*. Esto es lo que las mujeres en verdad buscan en un hombre. Sin duda, un hombre puede ser sensible, pero para satisfacer las necesidades de ella tiene que considerar esas necesidades y no sólo las de él.

> *El lugar de volverse más sensibles, los hombres tienen que ser más sensibles a las necesidades de las mujeres.*

Cuando un hombre da muestra de mayor sensibilidad en lo que respecta a sus propias necesidades y sentimientos, la mujer desarrolla sentimientos maternales en lugar de atracción sexual. En lugar de sentirse cuidada, piensa que su instinto maternal lo cuida a él. Aunque esto parece amoroso, en realidad no genera sentimientos románticos. Por otro lado, cuando una mujer muestra sensibilidad y aprecio además de confianza en el apoyo que le brinda el hombre, el interés sexual que él tiene por ella aumenta de forma dramática. La sensibilidad de una mujer, eso que les otorga la capacidad de disfrutar y apreciar las pequeñas cosas de la vida, es un elemento excitante para el hombre.

> *La sensibilidad de una mujer, eso que les otorga la capacidad de disfrutar y apreciar las pequeñas cosas de la vida, es un elemento excitante para el hombre.*

Cuando el hombre posee un nuevo entendimiento que le permite conocer las necesidades de las mujeres, puede ayudar a su compañera a lidiar con el estrés sin aumentar el suyo. Un hombre puede dar el apoyo doméstico/comunicativo/romántico que ella necesita, pero de manera que también le beneficie a él. Sin necesidad de convertirse en mujer, puede brindar el apoyo que ella necesita aun cuando no es como ella lo esperaba.

Una mujer puede aprender a reducir los niveles de estrés de su compañero si le hace sentir que su esfuerzo por ayudarla tiene éxito. Aunque el hombre sí aprecia el apoyo doméstico, la comunicación positiva y el romance, lo más importante para él es sentir que satisface en alguna medida las necesidades de su pareja. Ella, en lugar de pensar en formas explícitas para ayudarlo, puede hacer menos y apreciar lo que él hace por ella. Esto funciona muy bien porque las mujeres ya hacen demasiado. ¿No sería maravilloso si una mujer pudiera hacer menos y un hombre se sintiera más apoyado? Pues esto ocurre en verdad. Es un concepto tan novedoso para las mujeres que se requiere un poco de tiempo para comprenderlo.

Cuando un hombre actúa para apoyar las necesidades de la mujer, ella se siente respaldada y su estrés disminuye. Pero lo contrario también es cierto en Marte. Cuando una mujer hace menos por el hombre y le permite hacer más por ella, el estrés de él disminuye. El estrés del hombre se reduce cuando siente que logra satisfacer con éxito las necesidades de ella. En lugar de darle más, una mujer debe ayudarlo a satisfacer con éxito las necesidades que tiene ella.

> *Si una mujer da menos, en realidad está respaldando más a su pareja.*

"Ayudarlo a él a ayudarla a ella" como estrategia para conseguir el éxito es una noción incomprensible para la mayoría de las mujeres. Muchas veces ellas no creen que están presionando para recibir apoyo, pero de diferentes formas eso es lo que hacen. Cada vez que ella se queja, cada vez que exige, cada vez que se molesta, cada vez que no pide ayuda, cada vez que siente resentimiento por tener que pedir apoyo, en realidad ella envía el mensaje de qué él es un fracasado. Sin saberlo, ella aumenta en lugar de reducir el estrés de su compañero, además de que aleja la posibilidad de recibir apoyo.

En pocas palabras, "Ayudarlo a él a ayudarla a ella" implica que ella le pida apoyo en lugar de sólo esperar que él lo dé, y también implica que ella reconozca lo mucho que en verdad aprecia lo que recibe. Esto se consigue con los sentimientos y con el ser, no haciendo. Su "respuesta sensible" a las reacciones del hombre son más importantes que cualquier cosa que ella le pueda decir de manera directa. Ser agradecida por lo que recibe en una relación es una manera en la que lo ayuda a ser exitoso. Por otra parte, cuando una mujer se concentra en lo que no está recibiendo, el mensaje que transmite es que él no tiene éxito, y el nivel de estrés del hombre va en aumento. Entonces, él tiene menos que dar. Ella aleja su amor cuando se concentra en lo que no está recibiendo.

La reacción de una mujer a lo que el hombre hace es más importante que cualquier cosa que ella puede hacer de manera directa por él.

Este sencillo principio genera resultados inmediatos en cualquier relación. No hay fin a la cantidad de formas en las que las mujeres no logran reconocer el deseo sincero del hombre de darles su apoyo. De la misma forma, son incontables los modos en los que un hombre puede responder a las necesidades de la mujer para crear una mayor sensación de satisfacción. Encontrar una manera auténtica de indicarle al hombre que sus esfuerzos son bien apreciados no implica la noción, ya pasada de moda, de sacrificar sus necesidades para no exigirle nada a él. Por el contrario, significa asumir más responsabilidad para que una mujer satisfaga sus propias necesidades y que aprenda cómo pedirle apoyo a un hombre de poco en poco y de forma realista y razonable.

Incluso cuando la mujer se toma tiempo para sí misma, puede ayudar al hombre a sentir que tiene éxito en su relación. Cuando ella es feliz, él siempre asumirá que es su responsabilidad y se sentirá mejor. Si las mujeres no entienden eso, ellas nunca pensarán que tomarse tiempo para ellas mismas puede en realidad ser de ayuda para sus compañeros. Cuando los hombres se toman un tiempo para sí mismos, las mujeres suelen sentir que no son tomadas en cuenta. Por esta razón, puede ser difícil para una mujer creer que tomarse tiempo para sí misma en realidad lo ayuda a él a que le dé más a ella. Entender nuestras diferencias constituye un camino totalmente nuevo para los hombres y las mujeres que no sólo nos ayuda a apreciar lo mejor de nuestras parejas sino a hacer que las relaciones sean más fáciles.

Por qué las mujeres necesitan a los hombres

Hoy en día no es tan sencillo recibir el apoyo de un hombre como lo era en el pasado. Ahora, las mujeres se sienten confundidas cuando se trata de pensar en el papel que un hombre puede desempeñar en sus vidas. La mujer piensa que necesita que el hombre sea más como una mujer o cree que no lo necesita para nada. Ninguna de estas concepciones funciona. El hecho de que la mujer moderna sea más independiente y autosuficiente hace que, aunque quiera compartir su vida con un hombre, crea que en realidad no tiene necesidad de un hombre. Quiere un hombre, pero necesitarlo es toda una carga. Cuando admite que sí lo necesita, por lo general pretende que sea algo que él no es y no puede ser.

En última instancia, los hombres quieren sentir que son necesitados y se sienten más atraídos por la mujer que aprecia lo que tienen que ofrecer. Un hombre que sabe que es necesitado por una mujer puede hacer grandes cosas. Una mujer que puede apreciar lo que un hombre puede dar disminuye de forma automática el estrés que él padece en su vida. Las mujeres que indican con toda claridad que necesitan a un hombre lo atraen como si fuera abeja a la miel.

Las mujeres exitosas e independientes suelen vivir solas porque no se dan cuenta de lo que necesitan en un hombre. Las estadísticas indican que entre más éxito financiero tenga una mujer, menor es su posibilidad de casarse, y mayor la posibilidad de terminar en un divorcio. Casi todos estos divorcios fueron iniciados por las mujeres. Estas estadísticas cambian a medida que las mujeres aprenden a reconocer la sensación de necesitar a un hombre y apreciar lo que él tiene que ofrecer. Es todo un desafío apreciar a alguien que creemos que no necesitamos. Cuando una mujer no se muestra a un hombre de esta manera, lo que en realidad está haciendo es alejarlo y aumentando el estrés que él ya siente.

> *Sólo puedes apreciar lo que tienes cuando en verdad sientes que tienes necesidad de ello.*

Las mujeres independientes no tienen que entregar su libertad para sentir que necesitan a un hombre. Se puede ser independiente sobre algunas cosas y se puede depender de una pareja para otras. No es asunto de todo o nada. Algunas mujeres vieron que sus madres negaron sus necesidades y se sometieron para agradar a sus esposos. Han jurado que esto no les ocurrirá a ellas. Al anhelar una vida de independencia total, ellas también niegan sus necesidades y siguen los pasos de sus madres. Para evitar el sometimiento en una relación, han negado por completo sus necesidades.

En el caso de otras mujeres, el proceso de sobrevivir o tratar de desarrollar sus profesiones las distrae del contacto con sus sentimientos y de la necesidad de tener una relación. Para avanzar en el trabajo, deben expresar su ser independiente y tienen dificultad para retomar el lado femenino que es el que con mayor facilidad reconoce la necesidad de un hombre. En muchas ocasiones estas mujeres piensan que lo que necesitan es un hombre más comprensivo y sensible, pero lo que en realidad deben hacer es relacionarse con su lado femenino.

Si él es más sensible, la mujer puede creer que será más seguro para ella mostrar su aspecto femenino. Ella tiene fantasías en las que habla con su compañero como si fuera una amiga o tutor. Desgraciadamente, cuando una mujer logra conseguir un hombre "más sensible" no se relaciona mejor con sus propios sentimientos. Entre más sensible sea un hombre, las conversaciones girarán más entorno a él y no a ella. Un hombre necesitado es algo que en verdad aleja a una mujer. Al poco rato, ella ni siquiera quiere hablar con él porque tendrá que escuchar más sobre su sensibilidad o sus largos comentarios. Cuando ella cree que necesita un hombre más sensible y vulnerable, lo que en realidad necesita es expresar su vulnerabilidad; necesita ser escuchada, algo que todos los hombres pueden aprender a hacer.

> *Un hombre necesitado es algo que en verdad aleja a una mujer.*

Otras mujeres, aunque son capaces de reconocer sus necesidades no entienden de qué manera son diferentes a los hombres, esperan que ellos reaccionen y actúen como lo haría una mujer. Para estas mujeres, decidir qué necesitan de una relación y qué es posible obtener puede ser muy confuso. Los días en los que las mujeres necesitaban al hombre sólo para subsistir y como fuente de seguridad ya no existen.

Entonces, ¿qué necesitan las mujeres modernas? Cuando hago esta pregunta las mujeres solteras no tienen ninguna idea al respecto. Para empezar, ni siquiera quieren reconocer que necesitan a un hombre. Prefieren tener un compañero. Quieren compartir su vida con alguien, pero no necesitan a un hombre. La necesidad de un hombre haría que estas mujeres se sintieran débiles en lugar de femeninas.

Es importante que las mujeres redescubran el poder y la fuerza de su feminidad. Las mujeres no tienen que ser como los hombres para ser poderosas y conseguir lo que desean y necesitan. En el mismo sentido, los hombres no tienen que volverse como las mujeres para ser amorosos y brindar apoyo en sus relaciones.

> *Para muchas mujeres exitosas la idea*
> *de que pueden necesitar a un hombre les parece repulsiva.*

Necesitar a un compañero no es una debilidad. Es la razón por la que hacemos parejas. Los hombres y las mujeres sólo tienen necesidades primarias diferentes. Los hombres necesitan sentirse necesitados y las mujeres necesitan sentir que no están solas. Así como una mujer es realmente feliz cuando siente que obtiene lo que quiere de su compañero, un hombre es feliz cuando siente que logra satisfacer con éxito las necesidades de su pareja. Esta diferencia es importante. En verdad nos necesitamos, pero por razones diferentes.

> *Los hombres necesitan sentirse necesitados*
> *y las mujeres necesitan sentir que no están solas.*

Cuando el hombre siente que es importante, su estrés disminuye. Es la razón de vida del hombre. Por otro lado, para la mujer sentir que no está sola y que puede obtener lo que necesita reduce su estrés. Cuando una mujer siente que puede entregarse y depender de alguien, su estrés disminuye de manera notable. Cuando una mujer es incapaz de identificar sus necesidades o de satisfacerlas, lleva una vida llena de ansiedad y luego se pregunta por qué no puede descansar por las noches.

Las mujeres independientes y exitosas suelen preguntarme por qué sus esposos están tan cansados. Bajo esta nueva comprensión, esto queda claro. Si ella no es consciente de que lo necesita, él no se siente fortalecido por su amor y aprecio. Al contrario, cuando está con ella se siente exhausto.

Cuando una mujer reconoce su lado femenino y acepta la necesidad de un hombre, ese aprecio por él sacará a relucir lo mejor de su compañero. En lugar de que él se sienta cansado después de estar con ella, recargará su energía.

Muchas mujeres padecen tal grado de estrés que no pueden percibir sus necesidades. Estresadas, las mujeres tienden a ayudar a los demás y sentir las necesidades de los otros en lugar de las suyas. Con un poco de tiempo y atención, estas mujeres, fuertes e independientes, descubren y admiten que tienen toda una variedad de necesidades como:

- Ella necesita a un hombre como compañía romántica.
- Ella necesita que un hombre sea fiel.
- Ella necesita a un hombre por simple compañía. Ella no quiere regresar a una casa o departamento grande y hermoso pero vacío.
- Ella necesita el respaldo económico de un hombre: alguien que la ayude en caso de que ya no pueda trabajar.
- Ella necesita a un hombre a su alrededor porque se siente más segura: dos personas son más fuertes que una.
- Ella necesita a un compañero con quien compartir los momentos divertidos.
- Ella necesita a un compañero para compartir la preocupación por su bienestar.
- Ella necesita a un compañero que la extrañe cuando está lejos.
- Ella necesita a un compañero que la ayude a criar una familia si tienen hijos.
- Ella necesita a un compañero si no quiere tener hijos como madre soltera.
- Ella necesita a un compañero para tener una familia.

- Ella necesita a un compañero para arreglar las cosas cuando se descomponen. Ella ya no quiere hacer el trabajo de plomería.
- Ella necesita el apoyo de un compañero para sentirse maravillosa.

La verdad es que en la actualidad las mujeres necesitan más a los hombres que nunca. Sólo que los necesitan de una manera diferente. Los hombres pueden brindar apoyo especial para ayudar a las mujeres a lidiar con el estrés de la vida moderna, pero la mayoría de las mujeres no saben cómo conseguir este apoyo o a apreciarlo cuando está disponible. Si la mujer adquiere mayor conciencia de sus necesidades, también puede apreciar lo que tiene en lugar de aferrarse a lo que no está consiguiendo. Con una visión más realista de lo que es posible, en lugar de esa fantasía de Hollywood de un hombre que cumple cada uno de sus deseos, estará en mejor posición para apreciar sus esfuerzos y no dar por descontado todo lo que su compañero ya le proporciona.

Cuando la mujer aprende a apreciar lo que el hombre ya ofrece tiene en sus manos la llave para pedir más, en incrementos razonables, y así conseguir el apoyo que necesita y se merece. No se trata sólo de una fórmula para el éxito en una relación, sino de amor verdadero.

Recuerdo que esta idea la comprendí con toda claridad cuando tenía unos seis años de casado con mi esposa Bonnie. En una ocasión, después de hacer el amor con gran intensidad, le comenté: "Esto estuvo tan bien como al principio".

Su respuesta me enseñó algo importante. Me dijo que para ella había sido mejor esa noche que al principio. "Al principio en verdad no nos conocíamos. Ahora que ya conoces lo mejor y lo peor de mí, aún me deseas. Esto es amor verdadero", me dijo.

Bonnie me ayudó a comprender mejor lo que es el amor duradero. El amor no es una fantasía en la que todo es perfecto y nuestras necesidades se ven satisfechas, sino que es compartir una vida, esforzarnos por satisfacer lo mejor posible las necesidades del otro. Perdonar sus errores a nuestros compañeros y aceptar sus limitaciones puede ser tan satisfactorio como apreciar sus muchos dones y logros. Así como para mi esposa es difícil vivir con un hombre que no siempre cumple sus expectativas, para mí fue todo un desafío aceptar que no podía ofrecer todo lo que implicaba su fantasía de una relación perfecta.

Así como las mujeres necesitan liberarse de esa expectativa de que los hombres sean perfectos, los hombres también tienen que abandonar la expectativa de que las mujeres los consideren perfectos. Juntos hemos aprendido que nuestra vida no tiene que ser perfecta para que podamos relacionarnos y apoyarnos. El amor verdadero no exige la perfección sino que en realidad aprecia la imperfección. Compartir este tipo de amor enriquece todos los aspectos de nuestras vidas y nos proporciona mayor satisfacción.

> *El amor verdadero no exige la perfección*
> *sino que en realidad aprecia la imperfección.*

Las relaciones íntimas y amorosas de verdad conforman la base de una vida satisfactoria. Las interminables exigencias de nuestra vida moderna por poseer más, ir más rápido y hacer todo mejor nos distraen de esta sencilla verdad. Los cambios sociales han ampliado nuestra libertad de tal forma que han creado la necesidad de inventar nuevas maneras de mantener la armonía en nuestras relaciones más íntimas. En las páginas que siguen tendrán acceso a nuevos entendimientos que les permitirán, junto con su pareja, unirse en armonía, comodidad, amor y satisfacción mutua.

2 Programados para ser diferentes

El primer paso para comprender y aceptar nuestras diferencias es reconocer que los hombres y las mujeres fuimos programados para ser diferentes. La forma en la que nuestros cerebros están estructurados y cómo funcionan no es la misma. Aunque algunas de nuestras diferencias sean el resultado del condicionamiento familiar o social, vamos a entender cómo y por qué somos diferentes en términos biológicos. Aceptar estas diferencias en la programación de los sexos nos ayuda a identificar y a liberarnos de esas expectativas poco realistas que tenemos de que nuestros compañeros sean más como nosotros y nos permiten aceptar que no somos iguales. Al principio, estas diferencias pueden parecer un obstáculo, pero sólo cuando en verdad comprendemos la biología, queda claro que en verdad nos complementamos a la perfección. De hecho, es como si el hombre y la mujer estuvieran hechos el uno para el otro.

Si no encontramos la forma de aceptar nuestras diferencias y de alcanzar el equilibrio, mantener una relación es algo muy difícil. Muchas parejas nunca desarrollan sus relaciones más allá del noviazgo. Otros hacen un compromiso pero, con el paso del tiempo, las diferencias erosionan su intimidad y terminan por separarse. En estos casos, ambos creen que lo que les falta es tener algo en común para que su relación funcione. Aunque a veces las parejas no son compatibles, los problemas surgen porque no comprenden sus diferencias. A continuación aparecen algunas expresiones de cómo nos sentimos cuando no comprendemos nuestras diferencias.

ELLA DICE:	ÉL DICE:
"Era demasiado necio para cambiar."	"Ella solía apreciar todo lo que yo hacía, pero poco a poco intentó hacer que yo cambiara."
"Era tanególatra. Ni siquiera le interesaba mi vida o mis sentimientos."	"Tenía tantas necesidades. Todo giraba a su alrededor."
"Se volvió tan frío y distante. Ya no sentía confianza para contar con él."	"Todo giraba en torno a sus sentimientos. Sentía que estaba bajo su control en todos los aspectos."
"Solía ser la número uno, pero apenas me tuvo, el trabajo se convirtió en su principal prioridad."	"Poco a poco los niños se volvieron más importantes que yo."
"Ya nunca me escucha. Lo único que quiere hacer es solucionar mis problemas."	"Se vuelve tan emotiva que nada de lo que dice tiene sentido."
"Él tenía temor a la intimidad. Cada vez que me acercaba, él se alejaba."	"Ella reaccionaba con tanta intensidad al principio. Ahora, siento que tengo que llenar un formulario para poder tener sexo."
"Al principio todo era perfecto y luego, él cambió."	"Requería demasiada atención. No importaba lo que yo hiciera, nunca era suficiente. Yo siempre hacía algo mal."

Si han leído mis libros anteriores, saben que la raíz de estas quejas es la falta de comprensión y de aceptación de nuestras diferencias básicas. Si bien son quejas legítimas, surgen porque no logramos tomar en cuenta nuestras diferencias.

Si alguna vez has dicho, sentido o escuchado que tu pareja se expresa de alguna de estas maneras podrás ver que la fuente de muchos de los conflictos está en la resistencia que opones. Si te resistes en lugar de apoyar las necesidades de tu compañero cuando él o ella está bajo mucho estrés, lo único que haces es invocar lo peor del carácter de tu compañero. Si eres soltero, este entendimiento puede hacerte consciente de que has alejado a un compañero en potencia o de que los demás han malinterpretado tu comportamiento. Ya sea que estés casado o soltero, una nueva comprensión y aceptación de nuestras diferencias te permitirá sacar a relucir lo mejor de tu compañero y también de ti.

Las parejas que llevan buenas relaciones suelen comentar que ya dejaron de buscar que el otro cambie. Pero la aceptación de nuestras diferencias no significa aceptar cualquier comportamiento, por negativo que sea. Por el contrario, la aceptación amorosa crea una base a partir de la cual podemos lidiar con nuestras diferencias, de tal manera que cada compañero reciba lo que más necesita. Aceptar nuestras diferencias no siempre es fácil, en especial cuando estamos bajo estrés, pero los consejos que te ofrecen estas páginas pueden hacer el camino más fácil.

Reacciones muy diferentes al estrés

Las reacciones al estrés son muy diferentes en Marte que en Venus. Los hombres tienden a cambiar de velocidad, desentenderse y olvidar sus problemas, mientras que las mujeres sienten la necesidad de relacionarse, hacer preguntas y compartir sus problemas. Esta sencilla diferencia puede ser muy destructiva en una relación si no se aprecia o respeta de forma adecuada.

Cuando un hombre necesita tiempo para estar solo o no quiere comentar sobre lo que le sucedió durante el día, no significa que su compañera le importe menos. Cuando una mujer quiere comentar lo sucedido en el día, no significa que es demasiado exigente o que necesita exceso de atención. La reacción distante de él no quiere decir que no le importa ella, y las fuertes reacciones emocionales de ella no significan que no aprecia todo lo que él hace.

*Si un hombre olvida momentáneamente las necesidades de una mujer
o una mujer le recuerda a un hombre sus errores no significa que no se aman.*

Si comprendemos nuestras diferencias podemos interpretar de forma correcta el comportamiento y los sentimientos de nuestros compañeros para así brindarles lo que más necesitan, lo que sin equivocación alguna hará que nos muestren su mejor cara. En lugar de ver nuestras diferentes reacciones al estrés como un problema, tenemos que reconocer que nuestros intentos por cambiar a nuestras parejas suelen ser el problema real.

> *En lugar de ver nuestras diferentes reacciones al estrés como un problema, tenemos que reconocer que nuestros intentos por cambiar a nuestras parejas suelen ser el problema real.*

Comprender las causas biológicas de las diferencias en la manera en que concebimos el mundo y nos comportamos en él nos permite tener expectativas más realistas acerca de lo que nuestros compañeros pueden darnos.

Las destrezas son diferentes en Marte que en Venus

Como ya has notado en la vida diaria, los hombres y las mujeres se comportan, piensan, sienten y reaccionan de modos diferentes. Es obvio que los hombres y las mujeres no procesan el lenguaje, las emociones y la información de la misma manera. Pero ahora contamos con herramientas para comprender esta diferencia. Aunque las parejas casadas y felices lo descubrieron hace tiempo, por fin la comunidad académica y científica ha confirmado la tendencia a la diferencia entre cada sexo.

Edward O. Wilson, sociobiólogo de la Universidad de Harvard de reconocido prestigio mundial, ha observado de manera sistemática las tendencias entre los sexos. Encontró que las mujeres muestran más empatía y preocupación por la seguridad que los hombres, y tienen más desarrolladas las destrezas verbales y sociales. En comparación, los hombres tienden a ser más independientes, agresivos y dominantes, y desarrollan más las destrezas espaciales y matemáticas.

En términos prácticos, esto significa que situaciones que podrían ser fáciles de resolver se convierten en tediosas y complicadas cuando no comprendemos y aceptamos nuestras diferencias. Por ejemplo, en una discusión sobre la inversión de los ahorros, el hombre, por lo general, está más dispuesto a tomar riesgos y la mujer es más conservadora. Es innegable que la educación que recibimos nos influye en gran medida, pero, en términos generales, los hombres se sienten más cómodos tomando riesgos mientras que las mujeres tienen como prioridad la seguridad. Si entendemos esta diferencia, el hombre ya no tiene que tomarse de forma personal el hecho de que la mujer le haga muchas preguntas. No es que ella no confíe en él, sino que sólo trata de satisfacer esa necesidad de sentirse segura. Cuando él es más impulsivo y quiere encontrar las soluciones de inmediato, ella puede entender que es parte de su naturaleza y no malinterpretarlo suponiendo que a él no le importa lo que ella siente, quiere o necesita.

Los estudios confirman que hay diferencias reales en la manera en la que los hombres y las mujeres calculan el tiempo, juzgan la velocidad, hacen aritmética, se orientan en el espacio y visualizan objetos en tercera dimensión. Los hombres tienden a sobresalir en estas destrezas. Las mujeres tienen habilidades más desarrolladas en cuanto a establecer relaciones, sensibilidad a los sentimientos de los otros, expresión emocional, apreciación estética y destrezas de lenguaje. Las mujeres son expertas en lo que se refiere a realizar labores detalladas y planificadas.

Si no comprendemos esta última diferencia, la mujer puede sentirse ignorada cuando el hombre espera hasta el último minuto para planear el tiempo que va a pasar con ella o cuando no se anticipa a sus necesidades. Si una mujer entiende estas diferencias, ya no tiene por qué sentir resentimiento cuando pide ayuda porque se da cuenta de que el cerebro del hombre no funciona igual que el de ella. En el caso de que su compañero haga algo sin que ella se lo tenga que pedir, ella apreciará ese esfuerzo adicional que él hace en lugar de darlo por descontado.

Los cerebros de las mujeres están diseñados para percibir y anticiparse a las emociones, sensibilidades y necesidades de los demás. Los hombres, por otro lado, están más conscientes de sus necesidades o por lo menos de su necesidad de conseguir el objetivo inmediato. Dado que durante miles de años los hombres fueron cazadores, necesitaban esta habilidad para protegerse en estado salvaje. En el hogar, el seguro de vida de una mujer era garantizar el cuidado de los demás. Si lo hacía, entonces el hombre cuidaría de ella en caso de necesidad.

Cuando escribimos nuestro testamento tenemos la oportunidad de donar los órganos del cuerpo después de morir para ayudar a otros que los necesitan. Ante esta opción, nueve de diez mujeres donan sus órganos, mientras que nueve de diez hombres no lo hacen. Por naturaleza, las mujeres tienden a ser más generosas, incluso después de muertas. El desafío más importante para que una mujer aprenda a lidiar con éxito con el estrés es empezar a preocuparse por sí misma tanto como lo hace por los demás.

> *El desafío más importante para que una mujer aprenda a lidiar con éxito con el estrés es empezar a preocuparse por sí misma tanto como lo hace por los demás.*

Por qué nuestros cerebros se desarrollaron de distinta manera

Es posible que nuestros cerebros se hayan desarrollado como lo hicieron porque los hombres y las mujeres de las cavernas tenían funciones muy definidas para poder sobrevivir. Nuestros ancestros masculinos cazaban y tenían que recorrer largas distancias en busca de animales. Los hombres contaban con destrezas de orientación muy desarrolladas para poder ser mejor cazadores y proveedores. Un hombre dependía de sí mismo para regresar a casa. En esos días, pedir indicaciones no era una opción.

Nuestros ancestros femeninos recolectaban comida cerca del hogar y cuidaban de los niños. Creaban fuertes lazos emocionales con los niños y con las otras mujeres ya que dependían de ellas cuando los hombres salían a cazar. Las mujeres debían recorrer los alrededores para recolectar nueces y moras para comer. Quizá por eso es que ahora las mujeres tienen la habilidad de encontrar cosas en el hogar y en el refrigerador, mientras que sus parejas parecen ser incapaces de hacerlo.

Los científicos especulan con la idea de que la ventaja que tienen las mujeres en las destrezas verbales podría ser el resultado del tamaño físico. Los hombres tenían la fortaleza física para pelear con otros hombres y las mujeres usaban el lenguaje para argumentar y persuadir. Las mujeres también usaban el lenguaje porque podían hacerlo. Cuando un hombre estaba en peligro, tenía que quedarse quieto y en silencio el mayor tiempo posible. En la actualidad, un hombre hace lo mismo cuando enfrenta situaciones de estrés. Como resultado, los hombres se internan en su cueva para recuperarse del estrés, mientras que las mujeres han aprendido a hablar de ello. El hecho de que las mujeres comuniquen su estrés facilita que los demás les den apoyo. Si la mujer no hablaba, los demás no podían saber qué necesitaba.

Nuestros cerebros se desarrollaron de manera diferente en cada sexo para asegurar nuestra supervivencia. Estas formas de adaptación requirieron de miles de años para consolidarse. No es realista, entonces, esperar que nuestros cerebros cambien de un momento a otro para adaptarse a los cambios en las funciones de los sexos que han ocurrido en los últimos cincuenta años. Estos cambios se encuentran en la raíz del estrés que hace que Marte y Venus choquen.

Si debemos prosperar y no sólo sobrevivir, tenemos que poner al día nuestras destrezas para entablar relaciones de manera que reflejen nuestras habilidades, tendencias y necesidades naturales.

Los avances en las investigaciones neurocientíficas han permitido que los científicos descubran diferencias significativas tanto anatómicas como neuropsicológicas entre el cerebro masculino y el femenino para explicar las evidentes diferencias en el comportamiento.

Enfoque individual en Marte/Ejecución de tareas múltiples en Venus

El cerebro de la mujer tiene un *corpus callosum* más grande, esto es el bulto de nervios que conectan al hemisferio derecho con el hemisferio izquierdo del cerebro. Este enlace, que produce la comunicación en dos sentidos entre los hemisferios, es veinticinco por ciento más pequeño en los hombres. En términos prácticos, esto significa que los hombres no relacionan los sentimientos y las ideas con tanta facilidad como lo hacen las mujeres. No es una exageración decir que las mujeres cuentan con autopistas que conectan sus sentimientos con el habla, mientras que los hombres tienen calles secundarias con bastantes semáforos. Algunos investigadores creen que la integración de los dos lóbulos puede ser la fuente de la "intuición femenina", en otras palabras, del procesamiento de todo el cerebro.

Esa conexión, más fuerte entre las diferentes partes del cerebro, aumenta la facultad de las mujeres para ejecutar tareas múltiples. Cuando ella está escuchando, también está pensando, recordando, sintiendo y planeando al mismo tiempo.

> *El cerebro del hombre es de enfoque individual,*
> *mientras que el cerebro de la mujer tiende a las tareas múltiples.*

El cerebro del hombre es muy especializado y, por lo tanto, usa una parte específica de uno de los hemisferios para ejecutar una labor. El cerebro de la mujer es más difuso y usa ambos hemisferios para diversas labores. Esta diferencia neurológica permite que los hombres se concentren y bloqueen las distracciones durante largos periodos. Por otra parte, las mujeres tienden a ver las cosas en un contexto más amplio, desde un punto de vista más ventajoso.

Los hombres tienden a hacer una cosa a la vez en sus cerebros y en la vida. Cuando un hombre padece estrés, puede olvidarse de su compañera y sus necesidades. Puede ser que esté concentrándose en cómo conseguir un ascenso, así que se le olvida traer la leche a casa. Una mujer malinterpreta este comportamiento y lo considera desinteresado. Una vez que lo malinterpretó, es aún más difícil para ella pedirle de nuevo apoyo a él.

Entender esto puede ser de ayuda para la mujer en el sentido de no tomar de forma personal el que él esté ocupado en su computadora y parezca molesto cuando ella le hace una pregunta. Para ella, es una tarea sencilla que consiste en desplazar la atención cuando se le interrumpe, pero para él es más complicado. Si él parece molesto, ella puede recordar que se debe a que a él le cuesta más esfuerzo cambiar de velocidad que a ella, en lugar de tomarlo de forma personal.

De manera similar, las mujeres se molestan cuando un hombre intenta llevar la conversación a un solo tema. Puede ser que él la interrumpa y le pida que vaya al punto, o que le pregunte qué es lo que quiere que él haga cuando ella apenas está uniendo todos los puntos de lo que está comunicando. Lo más común es que los hombres digan: "Ya te entendí", pero las mujeres interpretan que él quiere que ella deje de hablar.

Él siente que no es necesario que ella siga hablando porque él ya la comprende. Pero como ella aún está en el proceso de descubrir lo que ella quiere decir, es imposible creer que él comprende del todo. La mujer no se está expresando sobre un punto en particular. Si un hombre dedica más tiempo a escuchar sus múltiples detalles puede ayudar a su compañera a enfocarse en el problema y en una perspectiva que la ayude a eliminar el estrés.

De igual forma, cuando una mujer reduce sus interrupciones en las actividades que exigen concentración del hombre, ella lo ayuda a reducir sus niveles de estrés. Dejar al hombre solo e ignorarlo es, a veces, la mejor manera de brindarle apoyo. Comprender que estas tendencias dependen de las diferencias en nuestros cerebros nos libera de tomarlo de manera personal y nos ofrece formas prácticas para apoyar a nuestros compañeros a lidiar con el estrés.

> *Dejar al hombre solo e ignorarlo es, a veces,*
> *la mejor manera de brindarle apoyo.*

Los hombres separan la información, las emociones y las percepciones en diferentes compartimentos dentro de sus cerebros, mientras que las mujeres tienden a enlazar sus experiencias en un conjunto, reaccionando a una variedad de asuntos con todo el cerebro. Ésta es una de las razones por las que una mujer tiene una mayor tendencia a sentirse agobiada cuando está bajo estrés si hay demasiadas cosas por hacer. Mientras que las mujeres tienden a ir en busca de más información, los hombres, cuando están estresados, tienden a enfocarse en lo más importante que hay que hacer.

Las mujeres tienden a ir en busca de más información, los hombres, cuando están estresados, tienden a enfocarse en lo más importante que hay que hacer.

La diferencia en la estructura del cerebro entre hombres y mujeres tiene otro efecto importante en el manejo del estrés. Es más fácil para un hombre deslindarse del lado izquierdo serio y responsable de su cerebro para dejar que descanse y se recupere. Cuando un hombre está bajo estrés, sólo tiene que desplazar su atención a una afición o a la televisión y de inmediato comienza a relajarse. De usar el lado izquierdo de su cerebro, que es lógico, práctico y dependiente de la realidad, pasa a usar el lado derecho de su cerebro, que es sensible, toma riesgos y se basa en la fantasía. Con este desplazamiento, se desconecta del estrés de sus responsabilidades. Así, un hombre puede cambiar la velocidad y deslindarse de las preocupaciones diarias con más facilidad.

Pero una mujer no puede darse ese lujo dado que los tejidos conectivos entre los dos hemisferios de su cerebro no le permiten deslindarse con tanta facilidad. Cuando ella funciona con el lado derecho de su cerebro, tratando de relajarse o divertirse, aún sigue conectada con el lado izquierdo, analítico y racional, de su cerebro.

Considerando aspectos más prácticos, la comprensión de esta diferencia ayuda a los hombres a identificar la inutilidad de hacer comentarios a la mujer como: "Nada más olvídalo" o "No te preocupes". Para ella no está tan fácil hacer este desplazamiento como para el hombre, pero ella puede hablar sobre lo que le causa ansiedad. En Marte, si un hombre no puede resolver un problema, su manera de lidiar con él es olvidarlo hasta que pueda hacer algo al respecto. En cambio en Venus, si una mujer no puede resolver un problema, entonces ella piensa: "Por lo menos podemos hablar al respecto". Hablar con alguien a quien le importa su bienestar tiene la potencialidad de estimular los neurotransmisores necesarios para reducir los niveles de estrés en el cerebro de la mujer. Al recordar sus problemas, la mujer en verdad se libera de éstos y evita que dominen su estado de ánimo.

La materia blanca contra la materia gris

Los hombres y las mujeres poseen dos tipos diferentes de cerebros, diseñados para obtener el mismo comportamiento inteligente. Los hombres tienen un aproximado de 6.5 veces más materia gris que las mujeres. Las mujeres tienen casi diez veces la materia blanca que poseen los hombres. Los centros de procesamiento de la información se ubican en la materia gris. Las conexiones o redes entre estos centros de procesamiento están compuestas por materia blanca. Estas diferencias pueden explicar por qué el hombre tiende a sobresalir en los procesos que requieren de la materia gris (como las matemáticas), mientras que las mujeres sobresalen en la integración y asimilación de información que proviene de la materia gris y que se requiere en las destrezas de lenguaje debido a la abundancia de materia blanca conectiva con la que cuentan.

Esta diferencia física en la composición de nuestros cerebros ayuda a explicar por qué nos comunicamos de manera tan distinta. El cerebro de una mujer está ocupado conectándolo todo. Entre más le importa algo, más lo relaciona con otras cosas que ocupan su mente.

Por ejemplo, cuando ve una película o visita a una amiga, puede que tenga mucho que contar al respecto. Mientras que un hombre puede no tener nada que decir a menos que la película coincida con algo que en verdad le interese. Ella asume que él no quiere hablar de la película, pero en realidad es que él no tiene mucho que decir. Con este nueva comprensión, ella puede sentirse segura de que a él sí le interesa lo que ella tiene que decir, aunque él no tenga mucho que agregar. Cuando una mujer deja de esperar que su compañero hable más, permite que él aprecie mejor su disposición a hablar, y así, poco a poco, compartirá más con ella.

Cuando los hombres tienen poco que decir, las mujeres suelen tomarlo de forma personal, como si ellos no quisieran compartirlo con ellas.

63

Esta misma idea se aplica cuando se le pregunta a un hombre cómo estuvo su día o un viaje que ha realizado. Cuando tiene poco que decir no es que su intención sea ocultar algo que haya sucedido; es sólo que no le parece gran cosa y, como consecuencia, no recuerda mucho al respecto. En cambio, la mujer espera ansiosa para relatar una anécdota y explicar cómo todo se conecta. El proceso de comunicación ayuda a su cerebro a reducir los niveles de estrés, mientras que para él tiene muy pocos beneficios.

Por qué en Venus es importante hablar

Hay dos secciones del cerebro conocidas como área de Broca en el lóbulo frontal y área de Wernicke en el lóbulo temporal que están relacionadas con el lenguaje. Estas áreas son más grandes en las mujeres y esto explica por qué son tan verbales. Los investigadores han ubicado seis o siete centros de lenguaje en ambos hemisferios del cerebro de la mujer, pero, en el caso de los hombres, el lenguaje sólo se ubica en el hemisferio izquierdo. Dado que los hombres tienen menos centros de lenguaje, no sólo resulta más difícil para ellos expresar sus experiencias, sino que no tienen la necesidad de hacerlo.

Los centros de lenguaje del hombre se activan en especial cuando está resolviendo un problema. Algunos hombres hablarán más al principio de la relación, pero esto se debe a que el hombre se está presentando y hablar es una manera de "resolver el problema" de darse a conocer y expresar sus sentimientos. Una vez que queda resuelto, no es tan fácil activar sus centros del lenguaje. De la misma manera, su centro de atención también es más activo cuando está resolviendo un problema.

Los cerebros de las mujeres están construidos para comunicar y expresar sentimientos. En comparación al cerebro de un hombre, el de la mujer está más activo ya que de manera constante procesa reacciones y percepciones. Muchas partes de su cerebro están ocupadas en su totalidad cuando ella está hablando. Para los hombres resulta más difícil conectar sus emociones con sus pensamientos y articular lo que están sintiendo. Esta diferencia es la causa de una gran parte de las fricciones que se dan en las relaciones. Comprender que un hombre no está ocultando algo cuando está callado puede liberar a la mujer de la frustración que llega a sentir y del empeño por obligar a su compañero a hablar en gran detalle sobre sus experiencias del día.

Con la práctica, un hombre puede aprender a poner atención y a escuchar, lo que resulta la manera más efectiva de ayudar a una mujer a reducir sus niveles de estrés. Puede ser que a una mujer le guste que un hombre tenga la disposición de compartir, pero a menos de que primero ella sienta que es escuchada, nada disminuirá su estrés. A medida que los hombres aprenden a escuchar a las mujeres y las mujeres aprenden a apreciarlo, los hombres son más abiertos y comparten más.

Matemáticas contra sentimientos

El lóbulo parietal inferior (LPI) es una región que se ubica en ambos lados del cerebro, justo por encima del nivel de los oídos. El tamaño del LPI es proporcional a la habilidad matemática. En el cerebro de Einstein se encontró que el LPI tenía mayor tamaño, igual que en el caso de otros físicos y matemáticos. El LPI izquierdo, más desarrollado en los hombres, tiene que ver con la percepción del tiempo y la velocidad, y con la habilidad para rotar figuras tridimensionales. Estas habilidades tienen que ver mucho con ese amor que los marcianos sienten por los juegos de video. Más de noventa por ciento de los jugadores de videojuegos provienen de Marte.

Ésta también es la razón por la que da la impresión de que los hombres presionan a las mujeres para que lleguen al punto central cuando hablan o toman decisiones. Él está consciente del tiempo durante el que ella habla. Mientras él escucha, también se esfuerza por decidir qué es lo que hay que hacer sobre su problema tan pronto como sea posible. Y esto no se debe a que él no esté interesado en ella, porque sí lo está. Él quiere ayudar, pero no se da cuenta de que sería de más ayuda si hiciera más preguntas en lugar de apurar la conversación.

> *Cuando la mujer habla, el hombre está consciente del tiempo que se toma y siente una urgencia interna de ayudarla a resolver sus problemas.*

En el cerebro de las mujeres, el lado derecho del LPI es más grande. El lado izquierdo del cerebro tiene que ver más con el pensamiento lineal, lógico y razonable, mientras que el lado derecho es más emotivo, sensible e intuitivo. Por lo general, los hombres sienten más atracción hacia la resolución de problemas, mientras que las mujeres tienden a comprender la dinámica del problema y las diversas relaciones entre diferentes aspectos del problema.

Las mujeres también sienten frustración cuando alguien se tarda demasiado en llegar al punto. Pero si multiplicamos esta frustración por diez, entonces tenemos lo que el hombre promedio siente cuando escucha la lista de quejas de su mujer sobre los problemas de su vida. Esto no significa que ella no pueda compartir sus sentimientos con él, pero lo tiene que hacer de tal manera que también funcione para él. Hablaremos más de esto en el capítulo 9, "Hablar sobre los sentimientos en tierra de nadie".

El LPI también ayuda al cerebro a procesar la información que proviene de los sentidos, en particular la atención selectiva, como cuando las mujeres son capaces de reaccionar de inmediato al llanto de un bebé en la noche.

Los estudios han mostrado que el lado derecho del LPI, dominante en las mujeres, tiene un fuerte vínculo con la memoria y el manejo de las relaciones espaciales. También tiene que ver con la percepción de nuestros sentimientos, un aspecto creativo muy importante en Venus.

Mientras que los hombres tienen mayor aptitud para seguir a distancia una pelota en un campo de futbol, las mujeres tienen más capacidad para captar las sutilezas de sus sentimientos y los de los demás. Sin embargo, uno de los problemas que tienen las mujeres es interpretar de manera adecuada los sentimientos de un hombre. Por ejemplo, él trae un gesto de frustración y ella piensa que a él no le interesa lo que ella está diciendo. La verdad es que él sólo intenta comprender lo que ella dice para poder ayudarla. Aunque ella tiene razón en captar la frustración, su interpretación no tiene nada que ver con la realidad.

Nuestros cerebros reaccionan en forma diferente al peligro

La amígdala, una estructura en forma de almendra que se localiza al frente de ambos lados del cerebro, justo debajo de la superficie, determina la reacción de nuestro cerebro al peligro. La amígdala funciona de diferente manera en los hombres y en las mujeres.

El lado derecho es más activo en los hombres, con más conexiones hacia las demás partes del cerebro, mientras que el lado izquierdo es más activo en las mujeres. En el cerebro del hombre, hay más conexiones de la amígdala a la corteza visual, lo que significa que los hombres reaccionan más a los estímulos visuales que las mujeres.

Esto explica por qué los hombres tienen una mayor tendencia a mirar fijamente a las mujeres. El cerebro del hombre tiene mayor actividad en este sentido. Cuando un hombre se enfrenta a un desafío, y las mujeres son en definitiva un desafío para los hombres, su corteza visual se activa. Su instinto de mirar a otras mujeres no se debe a que no esté enamorado de su pareja, sino a una manifestación de un estímulo en su cerebro. Sin embargo, esto no es una excusa para el comportamiento grosero. Cuando un hombre mira a otra mujer debe ser respetuoso con su pareja y hacerlo durante un breve momento, y luego mostrar un poco más de atención y afecto a su pareja. Si yo me tomo más tiempo, mi mujer sólo me da un cariñoso empujón con su codo. Una vez me dijo: "Está bien que mires, nada más no babees".

Mirar a las mujeres es un instinto saludable en los hombres.

Este tipo de actitud transmite el mensaje adecuado al hombre. Significa aceptación, pero también le pide que tome en consideración que para ella puede ser embarazoso si él mira durante demasiado tiempo a otra mujer. Por un lado, ella pide lo que quiere y, por el otro, no lo rechaza o lo avergüenza por su comportamiento. Es algo bueno que sienta atracción por otras mujeres. Es por esto que él también resulta atractivo para su mujer. El simple hecho de que tenga una reacción visual a otras mujeres no significa que no sienta atracción o amor por su esposa. Si él no se siente seguro para mostrar su atracción por otras mujeres en su presencia, también disminuirá su atracción por ella.

Además, la amígdala en el caso del hombre también está conectada al centro de actividad de su cerebro. Esto hace que los hombres sean más impacientes o impulsivos cuando hay problemas urgentes que resolver.

> *La amígdala, que en parte determina nuestras reacciones al estrés y al peligro, está conectada de manera directa con la parte visual y generadora de actividad en el cerebro del hombre.*

En el cerebro de la mujer, la amígdala izquierda es más activa y está conectada con otras regiones del cerebro, incluyendo el hipotálamo, que recibe señales de los sensores del cuerpo, y no de los estímulos externos. La amígdala de una mujer está unida de manera directa con las regiones de su cerebro asociadas con los sentimientos más que con la actividad. La conexión del hemisferio izquierdo en las mujeres controla el ambiente dentro del cuerpo, lo que aumenta su sensibilidad a lo que ocurre en su interior. Algunos investigadores creen que esta diferencia se desarrolló porque el cuerpo femenino tenía que ocuparse de elementos de tensión internos como el embarazo y dar a luz. En el cerebro del hombre, las áreas que se conectan con la amígdala reaccionan al ambiente exterior.

Esta diferencia fisiológica nos ayuda a comprender por qué los hombres se impacientan cuando las mujeres hablan de un problema y por qué quieren hacer algo para solucionarlo. Su amígdala, que es casi del doble de tamaño que la de ella, está enlazada con la parte visual y activa del cerebro que está "buscando una solución" o algo que se pueda hacer. A diferencia del hombre, la amígdala de la mujer está relacionada con otras partes de su cerebro más orientadas a los sentimientos que a la actividad. Mientras que él quiere hacer algo, ella quiere explorar sus sentimientos sobre el problema.

Por qué a las mujeres nunca se les olvida una pelea

Los cerebros de las mujeres están programados para sentir y recordar emociones con mayor intensidad que el de los hombres. El proceso de experimentar emociones y codificar esta experiencia en la memoria están integrados con mayor intensidad en el cerebro de la mujer, y sus respuestas neuronales también son más intensas. Aunque los científicos aún no han podido identificar la base neurológica de esta diferencia, los estudios han descubierto que las mujeres tienden a tener memorias más vívidas y fuertes de eventos emocionales que los hombres. En comparación con los hombres, las mujeres pueden recordar con mayor rapidez los sucesos. Sus memorias son más ricas e intensas. Cuando una mujer padece estrés, su mente puede verse inundada con estas memorias.

Las emociones enriquecen la memoria de la mujer.

Existe una explicación física de por qué las mujeres pueden recordar agravios, insultos y peleas del pasado. La amígdala desempeña una función clave en las respuestas emocionales y en la memoria emocional. En el pasado, se creía que la amígdala tenía más que ver con el temor y otras emociones negativas. Los estudios más recientes han mostrado que la amígdala reacciona a la potencia o intensidad tanto de estímulos agradables como desagradables. Las conexiones neuronales entre esta estructura y el resto del cerebro le permiten reaccionar más rápido a la información sensorial entrante y tienen gran influencia en las reacciones psicológicas y de comportamiento.

La formación de la memoria emocional se da en la amígdala izquierda en las mujeres, y en la amígdala derecha en los hombres. En las mujeres, las regiones del cerebro involucradas en reacciones emocionales coinciden con las regiones que codifican la memoria de una experiencia. Estos procesos ocurren en diferentes hemisferios en el caso de los hombres. Los investigadores sugieren que las conexiones neuronales entre los centros emotivos y de memoria en las mujeres explicarían por qué la memoria emocional de la mu-

69

jer es más vívida y precisa que la del hombre. Así como una mujer puede recordar emociones negativas, cuando los niveles de estrés disminuyen ella tiene mayor capacidad para recordar todas las buenas cosas que ha hecho un hombre. Este rasgo hace que las mujeres sean tan atractivas para los hombres. Mientras que él olvida con facilidad su grandiosidad, las reacciones amorosas de ella le recuerdan lo importante que es.

Las mujeres que esperan que los hombres expresen el mismo grado de intensidad y precisión que ellas cuando se trata de relaciones se verán decepcionadas. Una vez que ella reconoce está diferencia, puede sin problemas ajustar sus expectativas. No se trata de que ella "reduzca sus expectativas", sino de adaptarlas a lo que es realista. Por ejemplo, una mujer puede recordar de manera vívida y con cariño un momento muy romántico, y luego puede sentirse desvalorizada cuando se da cuenta de que su compañero no recuerda esta interacción que fue tan importante para ella. En lugar de sentirse lastimada o enojada, ella debería comprender que nuestros cerebros están programados de diferente manera. Como ya lo he señalado, aceptar la realidad, aunque no se asemeje a los guiones románticos de Hollywood, nos permite experimentar y conocer la plena satisfacción de un amor real, un amor que no exige perfección ni en nosotros mismos ni en nuestras compañeras.

La profundidad del sentimiento

El sistema límbico, conformado en principio por el hipotálamo, el hipocampo y la amígdala, es la fuente de las emociones y la motivación. El sistema límbico de la mujer es más grande y más profundo, lo que le permite tener mayor contacto con sus sentimientos. La mayor capacidad de la mujer para sentirse unida y relacionada con los demás tiene que ver con esta sección de su cerebro. Los investigadores sugieren que este mayor desarrollo de esa parte del cerebro hace que las mujeres sean más susceptibles a padecer depresión. Por otro lado, cuando el cerebro de la mujer recibe los estímulos adecuados por medio del respaldo amoroso y se mantiene saludable consumiendo los nutrientes adecuados, ella posee mayor capacidad de sentir más grado de satisfacción que el hombre. Es por esta razón que los hombres se sienten tan atraídos a las mujeres. La enorme capacidad de la mujer de sentir felicidad, alegría y satisfacción le hace sentir al hombre que él es importante. Si alimentamos su espíritu de esta manera, ella también encontrará en la profundidad de su interior mayor paz.

> *La enorme capacidad de la mujer de sentir felicidad, alegría y satisfacción le hace sentir al hombre que él es importante.*

Si de lo que se trata es de que prosperemos y no sólo de que sobrevivamos, necesitamos mejorar nuestras destrezas para establecer relaciones de tal manera que reflejen nuestras habilidades, tendencias y necesidades naturales.

La creación de la armonía

Una mirada rápida a las diferencias entre nuestros cerebros debería convencernos de que la expectativa de que las mujeres sean más como los hombres y los hombres más como las mujeres es contraproducente. Comprender estas diferencias fundamentales en nuestra programación debe servirnos para interpretar el comportamiento de nuestros compañeros de manera más positiva y liberarnos de expectativas poco realistas acerca de que puedan pensar, sentir y actuar como lo hacemos nosotros.

La comprensión de nuestras diferencias nos permite aplicar hoy mismo estos nuevos entendimientos y estrategias para ayudarnos a reducir los niveles de estrés. La forma más efectiva de hacerlo es respetando nuestras diferencias, que son anatómicas y fisiológicas y están escritas en nuestro cerebro. En lugar de chocar al tratar de obtener más de nuestro compañero, podemos concentrarnos en crear una armonía al darnos a nosotros mismos lo que necesitamos para así poderle dar más a nuestra pareja.

> *Al concentrarnos en darnos a nosotros mismos lo que necesitamos, tendremos más que ofrecer a nuestra pareja.*

71

Así como los planetas no chocan cuando siguen su camino natural alrededor del Sol, los hombres y las mujeres no tienen que chocar. El conflicto termina cuando descubrimos que incluso nuestros cerebros fueron diseñados para equilibrarse entre sí. Una mujer quiere ser feliz y su hombre quiere hacerla feliz. Así que cuando ella es feliz, los dos son felices.

En el siguiente capítulo examinaremos las diferencias hormonales significativas entre los hombres y las mujeres y cómo el estrés desequilibra nuestra química. El resultado es que en Marte el estrés estimula la reacción por pelear y en Venus la reacción es cuidar y consolar.

3 Hormonas del estrés de Marte y Venus

Estar enamorado estimula una cascada de hormonas que reducen, temporalmente, los niveles de estrés. Las hormonas son mensajeros químicos que actúan como catalizadores de los cambios que se realizan a nivel celular y que tienen que ver con el crecimiento, el desarrollo y el estado de ánimo. Cuando nos enamoramos, nos sentimos repletos de energía. Estamos eufóricos. Somos apasionados en todo lo que se refiere a nuestro nuevo amor y, por consiguiente, somos más generosos cuando se trata de aceptar o pasar por alto nuestras diferencias. En las primeras etapas del amor, estamos más que dispuestos a satisfacer las necesidades de nuestro compañero. Hacerse cargo de un compañera estimula ciertas hormonas especiales en el hombre, mientras que sentirse protegida estimula diferentes hormonas en una mujer. Al comienzo de una relación estas hormonas abundan, y el estrés y la presión de nuestra vida diaria pasa a un segundo término.

Una vez que desaparece la novedad del amor, aparece la familiaridad y la rutina. Las hormonas que nos hacen sentir bien empiezan a disminuir y los niveles de estrés a aumentar. Es como si el amor nos regalara unos tres años gratis de hormonas de felicidad, pero, después de la luna de miel, tenemos que empezar a ganarlas. Debemos administrar nuestros niveles de estrés a medida que nos vamos conociendo.

Adrenalina e hidrocortisona: hormonas de alerta roja

Cuando pensamos en el estrés, pensamos en embotellamientos de trá-fico, cuentas sin pagar, hogares desordenados, tensión en el trabajo, demasia-das cosas por hacer, entregas, nadie en quien confiar, niños llorando: la lista es infinita. Aunque todas son causas del estrés diario que padecemos, no son a lo que se refieren los investigadores cuando miden los niveles de estrés del cuer-po. Nuestro cuerpo reacciona al estrés exterior mediante la producción de adrenalina e hidrocortisona, hormonas secretadas por la glándula suprarrenal. En términos físicos, estas hormonas del estrés pueden, de manera gradual, ago-tar nuestro abastecimiento de las hormonas que nos hacen sentir bien.

Si nos encontramos en una situación de peligro, digamos que nos per-sigue un oso, la glándula suprarrenal libera adrenalina (también conocida como epinefrina), hidrocortisona y otras hormonas para proporcionarnos una explosión temporal de energía y claridad mental. Para nuestros ancestros, estas hormonas eran su mecanismo de defensa cuando se encontraban en situaciones de peligro. Había dos alternativas: escapar o nos comían. Cuando se libera adrenalina e hidrocortisona, se envía energía adicional al cerebro y a los músculos, afinando nuestros sentidos y aumentando nuestra fuerza y vigor. Esta concentración hace que se reduzca el flujo de energía a otros sis-temas del cuerpo, por ejemplo la digestión y otras funciones secundarias se tornan más lentas. Cuando un oso te persigue tu cuerpo se protege de mane-ra automática para no ser digerido, en lugar de preocuparse por digerir el almuerzo.

La adrenalina y la hidrocortisona desempeñan una función impor-tante en la supervivencia cuando se trata de situaciones de vida o muerte, pero el cuerpo no está diseñado para soportar una liberación constante de hormonas del estrés. Se liberan estas hormonas cuando nos encontramos en una situación agobiante pero no de amenaza a la vida; con el tiempo alteran nuestro sistema digestivo e inmunológico, provocando menor energía y ma-yor facilidad para contraer enfermedades. En el caso del estrés a largo plazo, la hidrocortisona y la adrenalina crean fluctuaciones poco saludables en los niveles de azúcar en la sangre que pueden generar malestar, depresión leve, sensación de apremio, irritabilidad, ansiedad y aflicción general. Y todo esto puede afectar nuestras relaciones. A continuación, algunos ejemplos comunes sobre cómo el estrés nos afecta y también a nuestra relación:

- La depresión leve inhibe la pasión.
- La sensación de apremio nos vuelve poco pacientes y tolerantes.
- La sensación de ansiedad, aflicción o pánico diminuye en gran medida nuestra capacidad para ser felices.
- La irritabilidad sobrepasa nuestros sentimientos de afecto, aprecio y ternura.
- Menos energía significa limitar cuanto podemos dar libremente de nosotros.
- Cuando los niveles de azúcar en la sangre son inestables, nuestro ánimo se vuelve indiferente o fluctúa en exceso.
- Los hombres pierden interés en la relación, mientras que las mujeres se sienten agobiadas con demasiadas cosas por hacer, pero sin apoyo o tiempo.

Cuando comprendemos los síntomas más comunes del estrés crónico, podemos entender la causa por la que tantas relaciones fracasan en la actualidad. Aprender el efecto que tiene en nuestro comportamiento cotidiano debería motivarnos a reducir nuestros niveles de estrés. Si perfeccionamos esta habilidad en las relaciones, podemos hacer que nuestra relación de pareja ayude a reducir los niveles de estrés en lugar de convertirse en otra fuente de éste.

Otro efecto secundario costoso del incremento de hormonas del estrés

Los científicos han descubierto una conexión entre la hidrocortisona y la obesidad y el aumento de grasa almacenada en el cuerpo. Niveles más altos de estrés y de hidrocortisona tienden a provocar que la grasa se deposite en el área abdominal, y se trata de grasa considerada tóxica porque puede causar apoplejías o infartos del corazón.

Tener altos niveles de hidrocortisona puede generar malos hábitos alimenticios. Algunos investigadores que estudian los desórdenes en la alimentación han descubierto que las mujeres que poseen mayor nivel de hidrocortisona causado por el estrés, tienen mayor probabilidad de comer a deshoras alimentos con alto contenido de grasa o con carbohidratos refinados que las mujeres que no secretan tanta hidrocortisona. Estos nuevos resultados nos permiten comprender el efecto que el estrés tiene en nuestra necesidad de comer alimentos poco saludables. ¿Has notado que cuando estás cansado o estresado buscas a tu alrededor todo lo que tiene carbohidratos procesados, como galletas, papas fritas o refrescos? Esto se debe a que cuando el cuerpo está bajo estrés obtiene mayormente energía de los carbohidratos.

La hidrocortisona estimula la liberación de insulina y el resultado es más apetito. Este nocivo ciclo hará que engordes y puede llegar a causar diabetes y otras enfermedades. Los efectos del alto nivel de hidrocortisona dejan claro que lo importante es seguir una dieta sana cuando estás bajo estrés. Es posible que creas que no tienes tiempo suficiente para comer y preparar comidas saludables, pero conservar buenos hábitos alimenticios es aún más importante cuando tú y tu familia están presionados por el ritmo de vida. Una forma de saber qué alimentos no son buenos para ti es tomar nota de los alimentos que se te antojan cuando estás bajo estrés. Estos antojitos son exactamente los que te harán sentir a la larga aún peor, y además te harán engordar.

Y si somos honestos, no sólo nos sentimos mejor cuando nuestro peso es el adecuado, sino que también nos sentimos más atractivos sin ese peso adicional. Cuando uno se siente atractivo, también nuestro compañero se siente atraído por uno.

Tenemos que aprender a controlar el estrés para poder envejecer juntos, enamorados y en buena salud. Las enfermedades del corazón, el cáncer, la diabetes y la obesidad están claramente asociadas con niveles altos crónicos de hidrocortisona. Si aprendemos a reducir nuestros niveles de estrés, no sólo estaremos más sanos sino que experimentaremos más energía, pasión, paciencia y felicidad.

Una de las grandes diferencias entre hombres y mujeres es que bajo estrés las mujeres producen mucho más hidrocortisona que los hombres. Esto contribuye a explicar por qué las mujeres tienen más problemas para controlar su peso. Cuando la hidrocortisona se eleva, sólo quemamos carbohidratos o azúcares para generar energía en lugar de la sana combinación de carbohidratos y grasa. Si no podemos quemar grasa de manera eficaz, no sólo es más difícil adelgazar sino que también tenemos menos energía. Quemar grasa nos proporciona veinte veces más energía que quemar carbohidratos. Para decirlo más claramente: quemar grasa nos proporciona la energía duradera de leños encendidos, pero los carbohidratos sólo nos proporcionan la energía rápida y temporal de las astillas.

Existe otro efecto costoso de los altos niveles de hidrocortisona en el cuerpo de la mujer. El producto secundario de quemar carbohidratos es el ácido láctico. Si el cuerpo de una mujer quema carbohidratos en lugar de grasa, aumentan sus niveles de ácido láctico. Dado el exceso de ácido láctico acumulado, se tiene que usar calcio de los huesos para neutralizar estos ácidos. Esto explica por qué ochenta por ciento de las personas que tienen osteoporosis son mujeres.

Se gastan miles de millones de dólares cada año en antidepresivos para ayudar a los hombres y a las mujeres a lidiar con el estrés. Por fortuna, hay formas naturales para reducir los niveles de estrés que no implican el aspecto peligroso de tomar medicamentos. He pasado los últimos diez años investigando este tema, y he encontrado una diversidad de opciones para que tanto las mujeres como los hombres lidien con la ansiedad y la depresión mediante planes alimenticios purificantes, grasas sanas y suplementos saludables. Hay más información disponible al respecto en mi sitio de internet, www.marsvenuswellness.com, o también en mi último libro: *Marte y Venus: el libro de la dieta y el ejercicio.*

Las hormonas son del cielo

Al principio de una relación, el hombre se emociona y se siente motivado por el desafío de ganarse el afecto de una mujer. Este desafío estimula automáticamente la producción de testosterona, la hormona de Marte que contribuye a crear la sensación de poder y bienestar en un hombre. Cuando los niveles de testosterona son normales, se siente energizado, es más atento y siente más atracción por su pareja.

Pero a medida que se establece la rutina y disminuye el desafío de la relación, también disminuyen sus niveles de testosterona. Cuando esto sucede, la luna de miel terminó, y el hombre tiene que encontrar la forma de producir niveles más altos de testosterona. Usualmente el trabajo fuera de casa le ofrece al hombre nuevos desafíos que acaparan su atención y aumentan el nivel de testosterona. La pérdida de pasión en el hombre se da a nivel biológico a medida que hace el desplazamiento entre estar cautivado por una relación y concentrarse de nuevo en el trabajo.

De manera similar, cuando una mujer conoce mejor a su pareja y se siente segura con él, aumenta su producción de oxitocina, conocida como la hormona del cariño. Así como el hombre responde a los niveles de testosterona en su cuerpo, una mujer siente más energía, felicidad, tolerancia y atracción por su pareja cuando los niveles de oxitocina son mayores.

Con el tiempo, la realidad se hace presente y una vez que las expectativas de la mujer no se satisfacen del todo, ella deja de suponer que todas sus expectativas quedarán satisfechas. El resultado al experimentar menor esperanza, confianza y optimismo afectará sus niveles de oxitocina. Su rutina diaria pierde algo de la magia inicial y ella intenta recuperar esta magia entregándose más en su relación, pero cuando sus esfuerzos no se ven reconocidos, pierde el brillo y la motivación para entregarse. La lejanía del hombre y el exceso de atención que ella pone en la falta de conexión sólo puede llevar a crear tensión en la relación. Una mirada más atenta a los mecanismos de la testosterona y la oxitocina puede explicar por qué los hombres y las mujeres responden en forma diferente al estrés, y qué se puede hacer para reconciliar esas diferencias y establecer la armonía.

La reina de las hormonas

La testosterona, la principal hormona sexual masculina, es uno de los elementos clave para determinar las características sexuales en los hombres, incluyendo dominio, fortaleza física y emocional, forma corporal, vello, profundidad de voz, olor y comportamiento sexual. Esta hormona también desempeña una función importante con respecto a conductas de autoafirmación y seguridad de objetivo, a la competitividad, la creatividad, el intelecto y la habilidad de formular y llevar a la práctica ideas nuevas. Las mujeres también la producen, pero los hombres adultos produce de veinte a treinta veces más testosterona que las mujeres.

> *Los hombres producen de veinte a treinta veces más testosterona*
> *que las mujeres.*

La testosterona tiene efectos en la salud en general y a lo largo de la vida dado que ayuda a desarrollar músculos y huesos fuertes. Los hombres que tienen el nivel adecuado de testosterona tienen más apoyo para lidiar con el estrés. Lo importante es tener el nivel adecuado: ni demasiado alto ni demasiado bajo. La testosterona puede aumentar de forma significativa con el estrés agudo y puede causar mayor agresividad. Los investigadores han descubierto que el nivel de estrés es crónico en muchos de nosotros en la vida actual. Esto hace que los niveles de testosterona disminuyan sustancialmente. La reducción en el nivel de testosterona ha sido relacionada con el síndrome del macho irritable, caracterizado por lejanía, irritabilidad y depresión. Un nuevo estudio ha descubierto que los niveles de testosterona en los hombres en Estados Unidos han ido en descenso durante los últimos veinte años.

> *Los investigadores han descubierto que los niveles de testosterona en los hombres*
> *en Estados Unidos han ido en descenso durante los últimos veinte años.*

Factores como fumar y la obesidad no explican del todo este declive. Una dieta con alto contenido de carne y pollo puede contribuir a esta tendencia porque las hormonas que se usan en la producción de carne se comportan como estrógenos en el cuerpo. El estrógeno, la hormona sexual femenina, inhibe la producción de testosterona. El alcohol y los productos de soya también tienen un efecto negativo en los niveles de testosterona. La cerveza, por ejemplo, contiene estrógeno vegetal que con el tiempo reduce los niveles de testosterona; ésta es una razón por la que la intoxicación con alcohol y el sexo a veces no son una buena combinación.

Realización, apreciación y éxito

Hay una conexión entre niveles normales de testosterona y los sentimientos de éxito en el hombre. Para sentirse bien en una relación, el hombre tiene que sentirse exitoso en cuanto a satisfacer las necesidades de su pareja. Las respuestas que ella muestra como confianza, aceptación y aprecio no sólo sirven de alimento para su espíritu sino que contraatacan los efectos del estrés al estimular un nivel saludable de testosterona.

Un hombre enamorado suele tener como preocupación principal la felicidad de su pareja. El desafío de la relación hace que surjan sentimientos positivos y se produzcan mayores niveles de testosterona. Cuando un hombre siente que puede obtener lo que quiere, la producción de testosterona aumenta. Cuando siente que no lo conseguirá, se elevan sus niveles de estrés y los de testosterona se reducen.

> El éxito o la anticipación del éxito en una relación
> sirve de combustible para aumentar la testosterona del hombre
> y conservar el interés que él tiene en ella.

El fracaso o la anticipación del fracaso en cuanto hacer feliz a su compañera genera estrés en el hombre y reduce su testosterona. Entre más exitoso o poderoso se sienta un hombre en su relación, más aumentarán sus niveles de testosterona hasta alcanzar niveles saludables. La confianza crea testosterona y hacer cosas que estimulen esa testosterona aumenta la confianza del hombre. Funciona en ambos sentidos. Cuando un hombre se considera exitoso, su energía y bienestar aumentan porque los niveles de testosterona son normales. Cuando él piensa que no puede hacer nada que tenga efecto positivo en la relación, su energía e interés se reducen junto con el nivel de testosterona. Es por esto que ser reconocido y aceptado en una relación son aspectos muy importantes para el bienestar de un hombre.

> *Apreciar y aceptar lo que él hace, o perdonarlo por lo que se le olvida, es el mayor apoyo que una mujer puede brindarle a un hombre.*

Cuando un hombre siente que no tiene éxito en su trabajo o se preocupa sobre problemas que no puede resolver, sus niveles de testosterona empiezan a bajar y estará desanimado hasta que los niveles de testosterona vuelvan a subir. Los hombres deprimidos tienen bajos niveles de testosterona.

> *Los hombres deprimidos tienen bajos niveles de testosterona.*

Esta dinámica es otra de las razones por las que los hombres suelen retirarse ante un problema difícil y olvidarlo durante un momento. Al realizar otra actividad menos exigente puede reconstruir su confianza y así recuperar los niveles de testosterona. Con este aumento en su confianza, puede retomar y resolver mejor el problema anterior.

> *Si un hombre se enfoca en un problema más sencillo de resolver recupera los niveles de testosterona.*

El ambiente de trabajo convencional, dominado por los hombres, presenta una abundancia de actividades, desafíos, reglas y situaciones que estimulan la producción de testosterona. Para que una situación estimule la producción de testosterona necesita involucrar:

- Establecimiento de objetivos
- Competencia

- Resolución de problemas
- Responsabilidad
- Riesgo
- Peligro
- Dominio
- Éxito
- Eficiencia
- Momentos de apremio
- Dinero
- Resultados
- Proyectos
- Equilibrio
- Poder

Si un hombre tiene confianza en sus habilidades, estas situaciones estimulan la producción de testosterona y lo motivan, disminuyendo el efecto agotador del estrés. Estas mismas situaciones pueden causar depresión si él carece de la confianza necesaria. Desarrollar y conservar la seguridad es uno de los desafíos más importantes en la vida del hombre ya que determina la diferencia entre el éxito y el fracaso, el entusiasmo o la depresión. En última instancia, en Marte no hay fracasos, sólo en los que se dan por vencidos porque perdieron la confianza. Entre más bajos sean los niveles de testosterona, más débil será la confianza de un hombre.

Producir testosterona en casa

El nivel de testosterona disminuye en todos los hombres con el paso del día. Hay un ciclo natural cuyo punto más alto es en la mañana. Durante el día laboral, el hombre agota su testosterona. Cuando el estrés diario acaba, su cuerpo debe relajarse para restaurarse. Este cambio suele ocurrir con la puesta del Sol. Cuando el hombre está en recuperación, se siente libre de esa necesidad innata de ser responsable, así que, después de un día estresante, los niveles de testosterona tienen tiempo para recuperarse. Un hombre puede elevar su nivel de testosterona con una siesta o haciendo algo sencillo y divertido como ver la televisión o leer el periódico.

Cuando el hombre sale del trabajo, un interruptor se apaga en su cerebro y comienza a trabajar en un modo pasivo y relajado.

Si un hombre no se toma tiempo para recuperarse, el estrés disminuye sus niveles de testosterona. No sólo se reduce su interés sexual, sino que se pone malhumorado, irritable, molesto o pasivo. Las mujeres instintivamente no comprenden esta necesidad porque su bienestar no depende de la recuperación de los niveles de testosterona.

En muchas ocasiones las mujeres piensan que sus esposos son flojos cuando en realidad cumplen con un imperativo biológico de descansar. Aunque las mujeres producen testosterona, esta hormona tiene muy poco que ver con el estrés en Venus. Así como la testosterona estimula la reducción del estrés en los hombres, la hormona oxitocina estimula la reducción del estrés en las mujeres.

Oxitocina, la hormona del cariño

La oxitocina, conocida como la hormona del enlace social, se produce en grandes cantidades al nacer y durante la lactancia, al igual que durante el orgasmo en ambos sexos. En las mujeres, los niveles de oxitocina pueden subir durante un masaje relajante y caer drásticamente con la sensación de sentirse ignorada o abandonada. La hormona afecta el reconocimiento social y los enlaces personales, así como la formación de confianza entre las personas. La oxitocina estimula en las mujeres tanto el comportamiento maternal como el interés sexual. Reduce la presión sanguínea, los niveles de cortisona y el miedo. Hay estudios que indican que los animales y las personas que tienen altos niveles de oxitocina son más tranquilos, menos ansiosos y más sociales.

Aunque los hombres y las mujeres tienen, en promedio, niveles similares de oxitocina en la sangre, las mujeres tienen más estrógeno, que incrementa la efectividad de la oxitocina. Además, la testosterona en los hombres sirve de contrapeso a los efectos tranquilizantes de la oxitocina. La interacción particular entre la oxitocina, el estrógeno y la testosterona es la base de las diferencias de cómo los hombres y las mujeres reaccionan al estrés.

Los investigadores han descubierto que la oxitocina reduce el estrés en las mujeres, pero no tiene el mismo efecto en los hombres. El exceso de oxitocina en un hombre puede reducir sus niveles de testosterona. De la misma forma, demasiada testosterona en una mujer puede reducir la efectividad con la que la oxitocina disminuye sus niveles de estrés.

> *La oxitocina, la hormona del bienestar en Venus,*
> *es una hormona de amor y que fomenta lazos cariñosos.*

La oxitocina genera una sensación de dependencia. Los niveles aumentan cuando las mujeres se relacionan con alguien a través de la amistad, el compartir, el cuidado y la protección, y disminuyen cuando una mujer extraña a alguien, experimenta una pérdida o la ruptura de una relación o se siente sola, ignorada, rechazada, sin apoyo e insignificante. Una mujer enamorada tiene mayores niveles de oxitocina. Se siente plena para darse a sí misma y compartir más de su tiempo con su pareja.

Para sentirse bien en una relación, una mujer necesita confiar en que su pareja se preocupa tanto por ella como ella por él. Este tipo de apoyo afecta sus niveles de oxitocina que, a su vez, reducen el estrés. Los mensajes que recibe de él con respecto a cuidado, comprensión y respeto acrecientan la confianza y alimentan su espíritu al mismo tiempo que estimulan niveles más altos de oxitocina.

La diferencia está en cómo ella interpreta su comportamiento. Si considera que él se preocupa por ella, entonces los niveles de oxitocina suben, pero si lo interpreta como descuidado y desinteresado, los niveles bajan.

*La oxitocina disminuye cuando una mujer se siente sola,
ignorada, sin apoyo o insignificante.*

La confianza en su relación y la anticipación de que el hombre podrá satisfacer sus necesidades, a medida que ella satisface las necesidades de su compañero, motivan el aumento de los niveles de oxitocina en la mujer. Ocurre lo contrario a esta anticipación positiva cuando una mujer espera más de lo que el hombre puede ofrecerle. Su decepción restringe la producción de oxitocina.

*La confianza y la anticipación de que las necesidades de la mujer
serán satisfechas es un potente productor de oxitocina.*

Esperar demasiado de su pareja también puede evitar que suban los niveles de oxitocina de una mujer. En lugar de buscar otras fuentes de apoyo, ella espera que su pareja lo haga todo. Al generar la expectativa de que su pareja sea la fuente principal de estímulo para la producción de oxitocina, está preparando todo para que su compañero fracase.

La mujer puede elevar sus niveles de oxitocina de muchas formas sin depender de un hombre. Los niveles de oxitocina en una mujer suben cuando ella ayuda a alguien porque se está preocupando por esa persona y no porque le estén pagando o sea su trabajo. Cuando damos para recibir, la testosterona, y no la oxitocina, es la que sube. Cuando las mujeres sienten que no reciben lo suficiente de sus relaciones tienden a dar pero con condiciones. Dan, pero están más preocupadas sobre lo que reciben o lo que no reciben a cambio. Este tipo de intercambio, con miras en un resultado, no estimula tanto la oxitocina porque contiene negatividad y enojo. Dar incondicionalmente es un poderoso productor de oxitocina. Los niveles de oxitocina suben cuando nos preocupamos, compartimos y hacemos amistades sin buscar nada a cambio. Así como la producción de oxitocina aumenta cuando atendemos a los demás, también se estimula cuando nos cuidamos a nosotros mismos.

En el pasado, la comunidad de mujeres que trabajaba hombro con hombro mientras criaban a sus hijos y se cuidaban unas a otras representaba toda una variedad de actividades, formas y situaciones que estimulaban la producción de oxitocina.

Elementos que enfatizan la estimulación de oxitocina:

- Compartir
- Comunicación
- Seguridad
- Limpieza
- Belleza
- Confianza
- Trabajo en equipo
- Cuidar
- Responsabilidad compartida
- Consistencia
- Elogios
- Afecto
- Virtud
- Cariño
- Apoyo
- Cooperación
- Colaboración
- Esfuerzo en conjunto
- Rutina, ritmo y regularidad

Tanto en su hogar como en sus relaciones, el cuerpo de la mujer produce oxitocina cuando se siente en libertad de cuidarse a sí misma o a los demás. Cuando se siente apremiada, agobiada o presionada para hacerlo todo, se agotan sus hormonas reductoras del estrés y, por ende, aumentan sus niveles de estrés.

Los niveles de oxitocina empiezan a incrementarse cuando una mujer se siente que es objeto de atención, es escuchada y nuevamente recibe apoyo.

Al final del día, la anticipación de un abrazo, una conversación y algo de afecto pueden hacer una enorme diferencia en Venus. Cuando una mujer piensa que no puede conseguir en su casa lo que necesita, sus sentimientos de cariño se disipan y los niveles de oxitocina bajan.

El momento más estresante del día para la mujer

Tomar parte en actividades que producen testosterona en el trabajo puede reducir los niveles de oxitocina en la mujer. Cuando regresa a casa, si no cuenta con oxitocina en abundancia, sus funciones como pareja, madre, amiga y encargada del bienestar pueden parecerle demasiadas. Si ella cree que tiene que hacer más pero no posee el tiempo o la energía suficientes, sus niveles de estrés aumentan. Su experiencia es muy distinta a la del hombre.

Cuando un hombre termina su trabajo, se empieza a relajar. Si siente alguna presión de hacer más cuando regresa a su casa, su tendencia a relajarse se ve interrumpida. Con más responsabilidades y menos tiempo para recuperar sus niveles de testosterona, tiene menos y menos energía. En lugar de llegar a un hogar que sea como santuario de amor y apoyo, tanto los hombres como las mujeres se enfrentan en la actualidad a un estrés nuevo. Las mujeres necesitan más tiempo y apoyo de sus compañeros, y los hombres se están quedando sin energía. Como consecuencia, ambos tienen menos que dar.

Las mujeres que están considerando el divorcio suelen decir: "Yo doy y doy, pero no recibo lo que necesito. A él simplemente no le importa y yo ya no tengo nada que dar".

Cuando una mujer siente que su compañero no se preocupa por sus necesidades, aparece la sensación de insatisfacción y resentimiento porque ella piensa que da más de lo que recibe. Puede ser que aún ame a su pareja, pero está dispuesta a terminar la relación porque siente que ya no tiene más que dar.

En la actualidad, estar con su pareja no restaura automáticamente sus niveles de oxitocina después de un día estresante. La simple anticipación de ser ignorada o rechazada puede hacer que los niveles de oxitocina bajen y los de estrés suban. En lugar de que su compañero sea una fuente de apoyo, se

87

convierte en otra carga. Si su compañero entiende sus necesidades, podrá hacer cosas muy sencillas como darle un abrazo cuando se encuentran después del trabajo y estar unos minutos conversando sobre cómo le fue a ella: ambos comportamientos son excelentes recuperadores de oxitocina. Dado que ella tendrá la misma consideración con sus necesidades, no le pedirá demasiado y le dejará tomarse el tiempo de relajamiento que necesita.

El éxito en el trabajo también es importante para las mujeres, pero nunca mejorará la calidad de sus relaciones a menos de que logren equilibrar las actividades productoras de testosterona, como el trabajo, con las actividades y el comportamiento que producen oxitocina. Ser exitoso en una actividad que produce testosterona puede reducir el estrés en los hombres, pero no en las mujeres. La calidad de su relación de pareja es lo que mantiene en control los niveles de estrés de una mujer.

Ahora que comprendemos las diferencias hormonales entre hombres y mujeres, podemos tratar de entender nuestras diferentes reacciones al estrés.

Pelea o huye

La reacción de "pelea o huye" es una respuesta de reacción corporal automática a algo que se percibe como un ataque o amenaza a nuestra supervivencia, y que nos permite defendernos. La respuesta está programada en nuestros cerebros. Cuando estamos en peligro, nuestros cerebros activan el sistema nervioso central. Como se describió al principio del capítulo, la adrenalina, la hidrocortisona y otras hormonas son liberadas en nuestro flujo sanguíneo y el ritmo del corazón, la presión sanguínea y la respiración aumentan. La sangre es desviada del tracto digestivo y dirigida a los músculos y huesos para que tengamos la energía adicional necesaria para correr y pelear. Nuestra percepción es más intensa, y nuestros impulsos más rápidos. En este estado de alerta, todo puede ser percibido como un enemigo o una amenaza a nuestra supervivencia. Esta reacción física es un potente sistema de defensa de emergencia que nos sirve en situaciones que amenazan la vida.

En la actualidad estamos sometidos a un estrés prolongado que hace que las hormonas tóxicas, producto del estrés, fluyan por nuestro cuerpo en respuesta a sucesos que no son una verdadera amenaza física. Desgraciadamente, no quemamos ni metabolizamos los hormonas del estrés con la actividad física. Y tampoco podemos huir de amenazas que percibimos o enfrentarnos físicamente a los que consideramos nuestros adversarios. Por el contrario, tenemos que permanecer tranquilos cuando se nos critica en la oficina, tener paciencia cuando esperamos durante horas en el teléfono para recibir el apoyo técnico que nos permita arreglar nuestra computadora y así cumplir con una entrega urgente, sentarnos en medio del tráfico sin caer en la furia callejera. Muchas cosas que nos estresan a diario activan nuestra reacción de pelea o huye y nos volvemos agresivos o reaccionamos más de lo necesario. Esta respuesta física puede tener un efecto devastador en nuestro estado emocional y psicológico. Tenemos la sensación de que vamos de una emergencia a otra. La acumulación de las hormonas del estrés tiene como resultado malestares físicos, incluyendo dolores de cabeza, colon irritable, hipertensión, fatiga crónica, depresión y alergias.

El doctor Hans H. B. Seyle, de origen húngaro y pionero de la investigación sobre el estrés en la Universidad McGill de Canadá, identificó una reacción de tres etapas a este tipo de estrés en los niveles fisiológico, psicológico y de comportamiento. Físicamente, nuestros cuerpos entran en la etapa de alarma, luego sigue la etapa de resistencia, cuando nuestros cuerpos empiezan a relajarse, y finalmente la etapa del agotamiento. Nuestra respuesta psicológica al estrés tiene como resultado sensaciones de ansiedad, enojo, tensión, frustración, impotencia y depresión. A nivel de comportamiento, intentamos aliviar esos desagradables sentimientos que llegan a causar el estrés. Comemos demasiado o casi nada, bebemos y fumamos en exceso, tomamos más medicamentos, o exhibimos un "comportamiento de pelea o huye" al preferir las discusiones o el retiro, respectivamente.

Cuando los hombres experimentan la reacción de pelea o huye, en sus cuerpos se libera vasopresina que está precedida por la testosterona. La combinación de vasopresina y testosterona detiene la producción de oxitocina, así que es más difícil para los hombres tranquilizarse. Como resultado de que se suprimió la producción de oxitocina, los hombres no tienen un tranquilizante interior, como en el caso de las mujeres, para lidiar con el estrés. En las actividades cotidianas, las mujeres tienen niveles más elevados de reacciones emocionales, pero en momentos de peligro, cuando los hombres están dispuestos a pelear, son las mujeres las que tranquilizan la situación.

Cuida y haz amistades

Los científicos creen que en nuestros ancestros femeninos evolucionó la respuesta al estrés para protegerse cuando estaban embarazadas, amamantando o cuidando a los niños. Esta reacción de "cuida y haz amigos", significa cuidar a los niños y hacer amigos en momentos de estrés para aumentar la posibilidad de supervivencia. Dado que es más probable que un grupo, y no un individuo, supere una amenaza, establecer vínculos sociales es un mecanismo de protección tanto para las madres como para los hijos. Mientras los hombres salían a cazar, era necesario para las mujeres crear lazos de amistad con otras mujeres para garantizar la supervivencia. El embarazo, la lactancia y el cuidado de los niños las hacían más vulnerables a las amenazas exteriores.

La creación de una red daba protección a las mujeres y las ayudaba en la labor de criar hijos. El trabajo en grupo les permitía recolectar comida y cuidar del hogar mejor. En épocas prehistóricas, los hombres participaban en grupos numerosos para ayudar en la defensa o en la guerra, mientras que las mujeres se relacionaban en grupos pequeños que proporcionaran apoyo emocional y de atención a otras mujeres en momentos de estrés.

Las mujeres no tenían la fuerza, el tamaño o los músculos de los hombres para protegerse. La respuesta de pelea o huye no hubiera servido para la supervivencia de las mujeres y sus hijos porque tendrían problemas para pelear o huir estando embarazadas y tampoco podrían proteger a sus hijos si los estaban amamantando o cuidando.

El efecto del estrés en las mujeres

Esta reacción al estrés es evidente aún hoy en día en el comportamiento de las mujeres. En lugar de retirarse o pelear, las mujeres buscan establecer contacto social, especialmente con otras mujeres y también cuidar a sus hijos para lidiar con el estrés. Como se mencionó anteriormente, la producción de oxitocina está ligada directamente con las reacciones y los comportamientos de cuidado a los demás. Las situaciones y circunstancias en las que una mujer cuida o se relaciona emocionalmente con otros son los estimulantes más potentes para la producción de oxitocina.

La generación de oxitocina en el mundo laboral fuera de la casa puede verse interrumpida por la exigencia de tomar decisiones, establecer prioridades basadas en objetivos y comportarse de forma profesional, y no de responder a las necesidades de los demás. Las primeras son situaciones que generan testosterona. Y aunque no hay nada dañino en estimular la producción de testosterona, esto no ayuda a reducir los niveles de estrés en la mujer.

Incluso los comportamientos de atención que tiene la madre que se queda en casa para cuidar a los hijos y el hogar pueden llegar a ser estresantes si la mujer siente que lo está haciendo sola sin la solidaridad de otras mujeres. Hay mujeres que incluso se sienten culpables o rechazadas por mujeres que trabajan debido a su decisión de quedarse en casa en lugar de seguir una profesión. Esta sensación de separación y abandono sólo aumenta los niveles de estrés en la mujer.

Las mujeres se estresan aún más cuando no se toman el tiempo para hacer aquellas cosas que elevarían sus niveles de oxitocina. Para manejar de forma eficaz el estrés, una mujer tiene que incorporar en su vida toda una variedad de experiencias que generen oxitocina. Ella debe cultivar un estado mental y un sistema de apoyo en el trabajo, con los amigos y la familia que estimule la producción regular de oxitocina. Sin este apoyo, ella depositará demasiadas expectativas en su pareja. Entender esto ayuda a que la mujer evite depender demasiado del hombre en su vida para elevar sus niveles de oxitocina.

Comprender los comportamientos que generan oxitocina cambia por completo la forma en la que un hombre interpreta la conducta de una mujer. Por ejemplo, cuando una mujer se queja de que no recibe el apoyo que necesita, o siente la necesidad de hablar sobre sus problemas, no significa que no aprecie lo que hace su compañero por ella. Por el contrario, su comportamiento puede ser un indicador de que está tratando de lidiar con el estrés aumentando los niveles de oxitocina.

*Compartir los problemas con alguien que amas
eleva los niveles de oxitocina en Venus.*

La mayoría de los hombres no están conscientes de que hablar y compartir puede aumentar los niveles de oxitocina que ayudan a la mujer a
enfrentarse al estrés. Si el hombre no entiende esta necesidad biológica, puede asumir, de forma equivocada, que la mujer le está pidiendo una solución.
Entonces, él la interrumpe para ofrecer su solución. Y lo hace porque resolver
problemas es una de las maneras en las que él se siente mejor cuando está
estresado. Y cree que también puede ser de ayuda para ella. La resolución de
problemas aumenta sus niveles de testosterona, pero casi no tiene efecto en
la oxitocina de su compañera. Una vez que el hombre entiende que con sólo
escuchar a su pareja puede hacer que se sienta mejor, sus niveles de testosterona también subirán porque sabe que ahora sí está resolviendo el verdadero
problema.

Estrés y sexo

En la vida moderna no hay descanso para la mujer, pero si sus niveles de oxitocina son ideales su estrés se reducirá y así poseerá una fuente ina-
gotable de energía y la habilidad de disfrutar del sexo. Además de facilitar una
buena comunicación, la intimidad sexual puede convertirse en una de las
mejores maneras para que una mujer reduzca sus niveles de estrés debido a que
la oxitocina también se produce mediante la excitación sexual y el orgasmo.

El problema de tener sexo para generar oxitocina es que la mayoría
de las mujeres primero necesitan oxitocina para sentir deseo sexual. Las mujeres que son muy activas sexualmente tienden a desear más el sexo dado que
el sexo produce una cascada benéfica de hormonas. Las mujeres que llevan
tiempo sin tener sexo pueden vivir sin él porque están demasiado estresadas.
Es una respuesta de úsalo o piérdelo.

Después de un día estresante, lo último en lo que las mujeres piensan
es en tener sexo. De hecho, suele ser lo último en su lista de pendientes. Por

supuesto que hay excepciones, pero la mayor parte del tiempo el estrés inhibe el deseo de la mujer de tener relaciones sexuales.

> *A la mayor parte de las mujeres, a diferencia de los hombres,*
> *no les interesa el sexo cuando están estresadas.*

Hay mujeres con mayores niveles de testosterona que desean tener relaciones incluso cuando están totalmente estresadas y sus niveles de oxitocina son bajos. Se parecen más a los hombres que usan el sexo para aliviar el estrés. Cuando una mujer tiene relaciones sexuales, encuentra alivio pero por razones distintas a las de los hombres.

El clímax sexual eleva temporalmente sus niveles de oxitocina y reduce los de testosterona. Durante un breve periodo de tiempo, ella logra tener un alivio de sus altos niveles de testosterona. A veces, las mujeres que tienen altos niveles de esta hormona tienen un deseo sexual intenso, pero no logran llegar al clímax o no se sienten satisfechas con un orgasmo. Aunque esto suene emocionante, llega a ser frustrante para ambos. Un hombre quiere sentir que satisface a su pareja, así como ella quiere sentirse satisfecha. La oxitocina es la hormona que nos proporciona esta sensación de satisfacción. Demasiada testosterona puede interferir con la capacidad de una mujer para disfrutar del sexo. Es como comer una galleta bañada en azúcar, sabe bien pero nos quedamos con ganas de más.

La actividad sexual produce testosterona en los hombres, pero el orgasmo libera oxitocina. Los efectos tranquilizantes de esta cascada de hormonas explican por qué los hombres suelen darse la vuelta y quedarse dormidos de inmediato. Después de la actividad sexual, los niveles de testosterona de un hombre pueden caer durante un rato, ésta es la explicación de que a veces los hombres necesitan guardar cierta distancia inmediatamente después del sexo.

Los hombres y las mujeres reaccionan de manera opuesta después la relación sexual debido a sus hormonas. Mientras que los elevados niveles de oxitocina de una mujer estimulan sus muestras de cariño, el incremento de la oxitocina y la caída de la testosterona muchas veces generan que el hombre se encierre en sí mismo mientras sus hormonas recuperan el equilibrio normal. Comprender y aceptar que en ocasiones los hombres se alejan después del sexo justo cuando las mujeres se sienten más conectadas puede ayudar a evitar sentimientos de malestar.

La actividad sexual regular y satisfactoria es uno de los grandes regalos de una buena relación amorosa. Para disfrutar este regalo toda la vida, mucho después de que pasó la novedad, los hombres y las mujeres necesitan ser creativos para encontrar maneras de ayudar a las mujeres a elevar sus niveles de oxitocina. Cuando una mujer se releja, nuevamente tiene la capacidad de disfrutar su sexualidad.

Las hormonas hacen toda la diferencia

Dar a nuestros compañeros todo lo que desearíamos a veces resultaría contraproducente. Los hombres y las mujeres comparten muchos objetivos. Todos queremos sentirnos seguros, felices, exitosos y amados, pero lo que nos hace sentir así es muy distinto para cada sexo. Son nuestras hormonas las que marcan esa diferencia.

Este estudio de la base biológica que determina la forma en la que los hombres y las mujeres lidian con el estrés nos deja en claro por qué a veces chocan Marte y Venus. Las costumbres sociales, el ejemplo de los padres y la educación pueden tener un efecto significativo en cómo los hombres y las mujeres interactúan y reaccionan en su relación, pero la manera como reaccionamos al estrés está programada en nuestros cuerpos y cerebros.

4 La lista interminable de pendientes de una mujer

Entre mayor sea el estrés que padece una mujer más agobiada se siente. Tiene demasiadas cosas por hacer antes de pensar siquiera en relajarse. Tratar de hacer lo imposible la lleva a sentirse agotada. Desgraciadamente, aquí no acaba todo. Entre más agotada se siente, más urgente se vuelve la necesidad de tener que hacer todo.

En el cerebro de la mujer siempre habrá más cosas por hacer.

El estrés genera una sensación de agobio, el agobio provoca agotamiento, el agotamiento origina una sensación de urgencia y, finalmente, esta sensación de apremio crea más estrés. Así es como se crea un ciclo negativo. Cuando una mujer realiza actividades generadoras de oxitocina, disminuyen sus niveles de estrés, desaparece la sensación de agobio y recupera la energía. Cuando las mujeres tienen energía de sobra, disfrutan sus responsabilidades; aunque tengan una lista interminable de pendientes, ya no la consideran una tarea desalentadora.

Cuando las mujeres tienen energía de sobra, disfrutan sus responsabilidades.

Una mujer cuyos niveles de estrés son bajos y que ha recuperado su energía es feliz y se siente orgullosa de hacerlo todo. Mi madre crió a seis niños y una niña. Mi papá viajaba mucho, pero de una u otra manera ella se encargó de todo cuando él no estaba, y nunca estuvo agotada. Formaba parte de otra generación de mujeres, una en la que las mujeres *podían* hacerlo todo. Pero su estilo de vida era otro. No formaban parte del mundo de los negocios, generando testosterona todo el día. Por el contrario, tenían un estilo de vida y una dieta que conservaba la energía produciendo suficiente oxitocina para reducir los niveles de estrés.

La verdadera razón del cansancio de las mujeres

Independientemente de si una mujer tiene hijos o no, su cuerpo está diseñado para resistir. Las últimas investigaciones han revelado que el cuerpo de la mujer tiene casi el doble de resistencia que el del hombre. Un hombre tiene casi treinta por ciento más de masa muscular que una mujer, pero sus músculos se agotan más rápido que los de una mujer, a un ritmo de casi el doble. Esta diferencia fue descubierta por investigadores de la NASA. En el espacio, los hombres perdían tanta masa muscular que al regresar a Tierra tenían que salir de la nave en silla de ruedas. Cuando las mujeres subían, sus músculos no se agotaban como los de los hombres.

El cuerpo de la mujer tiene casi el doble de resistencia que el del hombre.

Por esta razón los hombres necesitan producir más testosterona. Además de que reduce el estrés, la testosterona fortalece la masa muscular del hombre. Como hemos visto, descansar es lo que ayuda a su cuerpo a recuperar los niveles de testosterona.

Entre más estrés padezca un hombre a lo largo del día, más vacía se queda su mente. Resulta inconcebible para las mujeres que un hombre pueda, sin el menor esfuerzo, sentarse y pensar en nada. Él sólo necesita un punto para ubicar su vista y su mente queda en blanco. Esto no les sucede a las mujeres porque sus músculos no se agotan cómo los del hombre y, por lo tanto, no le quitan al cerebro los aminoácidos que se necesitan para pensar. Entre más estresado esté un hombre, más recuperación requiere. Y cualquier mensaje positivo de su compañera lo ayuda a reducir su estrés y el tiempo que le toma recuperarse.

> *Resulta inconcebible para las mujeres que un hombre pueda, sin el menor esfuerzo, sentarse y pensar en nada.*

Existen otras diferencias entre el cuerpo de la mujer y el cuerpo del hombre. Gracias a que la mujer posee de veinte a veinticinco por ciento más grasa que el hombre, tiene la energía necesaria para permanecer activa durante todo el día. La proporción mayor entre grasa y músculo en la mujer permite que su cuerpo no sólo produzca hormonas adicionales para el propósito de procrear, sino que también le dan energía adicional. Si quema la grasa almacenada en las células grasas adicionales, puede producir hasta veinte veces más energía que un hombre. Esta energía adicional mantiene funcionando su cerebro, que nunca descansa, ya que trabaja y trabaja para resolver una lista interminable de pendientes.

> *Una mujer tiene más grasa corporal que un hombre y esto es lo que le proporciona su inagotable energía.*

Las mujeres se agotan no porque sus músculos se agoten, sino porque no están creando suficiente oxitocina. A medida que sus niveles de estrés se elevan y no producen suficiente hidrocortisona, su cuerpo no puede quemar grasa para crear energía y sólo procesa carbohidratos y azúcares. En este estado de alerta roja a las mujeres se les antojan los carbohidratos, la cafeína o el azúcar para obtener energía que se agota rápido y que las deja aún más agotadas. La solución no es que las mujeres descansen más tiempo, sino que encuentren actividades estimulantes de oxitocina para reducir sus niveles de estrés.

97

Tipo corporal y el estrés

Cuando la capacidad para quemar grasa de una mujer se ve interrumpida por el estrés, el tipo corporal es lo que determina la forma en que almacena grasa. Los tres tipos corporales básicos son endomorfo, mesomorfo y ectomorfo.

- *Endomorfo*: si el cuerpo tiende a una forma redonda, ella tendrá más energía que la mayoría de las mujeres, pero su cuerpo almacenará grasa adicional en áreas no deseadas cuando esté bajo estrés. La mujer con cuerpo endomorfo siente que demasiadas personas la necesitan y gradualmente queda exhausta.
- *Mesomorfo*: si el cuerpo es más musculoso, la mujer almacenará grasa adicional en sus músculos, pero se quedará sin energía en caso de estrés. Si no tiene abundancia de oxitocina y sus niveles de estrés aumentan, sentirá que hay demasiadas cosas por hacer.
- *Ectomorfo*: si una mujer es muy delgada y tiene menos grasa y músculo que otra, cuando no tiene abundancia de oxitocina alberga sentimientos de ansiedad o preocupación. Un ectomorfo sentirá que hay demasiado de qué preocuparse.

La mayoría de las mujeres experimentarán cierto aumento de peso, pérdida de energía y sensación de agobio cuando sus cuerpos no produzcan suficiente oxitocina. El tipo corporal tiende a determinar el grado en el que la mujer sentirá estos efectos.

La verdadera razón por la que las mujeres están cansadas en la actualidad no es porque deben hacer demasiadas cosas. Es porque no están produciendo suficiente oxitocina para lidiar con el estrés.

> *Las mujeres creen que su lista de pendientes es lo que les causa estrés, pero la culpa de ello es de los bajos niveles de oxitocina en su cuerpo.*

Si no entienden esto, las mujeres se concentran en hacer las cosas y no en generar más oxitocina para reducir el estrés. Cometen el error de asumir que hacer más les permitirá tener una oportunidad para descansar. Y no sólo quieren hacer más, sino que también esperan que sus compañeros hagan más.

La idea de que hacer todo lo que tienen en su lista de pendientes las liberará del estrés y la ansiedad, es una ilusión. Por el contrario, es ese estrés el que las hace sentirse agobiadas y agotadas.

Como NO tratar a una mujer bajo estrés

Los hombres suelen cometer el error de asumir que ayudar a una mujer a resolver sus problemas la hará sentirse mejor. En su caso funciona, pero no en el de ella. El aumento en la testosterona que se produce al resolver problemas no ayuda en nada a reducir los niveles de estrés de una mujer. Lo que un hombre sí puede hacer es ayudarla a crear más oxitocina.

> *El aumento en la testosterona que se produce al resolver problemas no ayuda en nada a reducir los niveles de estrés de una mujer.*

Si no entienden las diferencias entre los sexos, los hombres harán que las cosas empeoren cuando traten de resolver los problemas de la mujer, o cuando quieran acortar su lista de pendientes. A continuación una típica conversación que con toda probabilidad alguna vez han tenido:

—*Me siento tan agobiada —dice ella.*

—*¿Por qué? ¿Cuál es el problema? —le pregunta él.*

—*Tengo tantas cosas por hacer —contesta con cierta tensión en la voz.*

—*No te preocupes —intenta tranquilizarla—. Relájate. Vamos a ver un poco de televisión.*

—*No puedo ver televisión —le contesta molesta—. Todavía tengo que hacer la cena, pagar unas cuentas, cancelar mi cita con el doctor por esa reunión de última hora que organizó mi jefe. Quiero poner ropa en la lavadora, y todavía no envío mis cartas de agradecimiento. No logro encontrar nada en el escritorio del estudio que es un desorden. Y, casi se me olvida, prometí escribir las invitaciones para la obra escolar.*

Con un suspiro, añade:

—Estoy tan retrasada. No tengo tiempo para ver televisión.

—Olvídate de la cena —le dice él, en un intento de ayudarla a acortar su lista de pendientes—. Voy por unos burritos.

—Es que no entiendes —le contesta—. Tengo demasiadas cosas que hacer.

—Eso es ridículo —le dice él, ignorando sus sentimientos—. ¡No tienes nada que hacer!

—Claro que sí —contesta ella, frustrada—. ¡No quieres entenderlo!

En lugar de ayudar a su pareja, la respuesta casual de este hombre y su intento por hacer que ella vea la situación desde una perspectiva diferente sólo la hace sentirse más estresada y también incomprendida. Y él se queda con sensación de derrota. Después de algunos años, él ya ni siquiera intentará ayudar porque le parece que nada de lo que hace sirve. Ella dejará de expresarle sus sentimientos porque él no entiende cómo ayudarla a liberarse de su estrés.

> *Después de algunos años de escuchar lo mismo,*
> *el hombre ya no se molesta en escuchar o ayudar.*

Los hombres son proveedores, siempre jerarquizan lo que deben hacer y con cuánta energía cuentan para hacer lo primero que deben hacer. Aquí se manifiesta su capacidad para concentrarse en una tarea. Esta diferencia evita que los hombres se sientan agobiados como les sucede a las mujeres, pero también puede evitar que comprendan la situación por la que está pasando una mujer.

> *Organizar sus prioridades ayuda a los hombres a no sentirse agobiados,*
> *pero también disminuye su capacidad para conectarse.*

Cuando una mujer habla, todo lo que el hombre escucha pasa por un filtro para determinar qué es lo que se tiene que hacer. Él constantemente clasifica por prioridades y compara lo que ella le está diciendo con otros problemas también por resolver. Dentro de ese contexto de problemas que tienen que resolverse al principio o al final, está ordenando lo que ella le dice como importante o poco importante. Si lo que ella refiere es poco importante dentro del esquema de cosas que deben hacerse, entonces él lo pasa al final de la lista.

Una mujer puede reaccionar a esta clasificación de prioridades sintiendo que lo que ella está diciendo no le parece importante a él. Esto luego lo traduce a que ella tampoco es importante para él, lo cual no puede estar más alejado de la verdad, pero ésa es su percepción de las cosas. Seguramente ella estaría de acuerdo con el esquema de problemas que es necesario resolver, y que los problemas a los que ella se refiere no son tan importantes como los grandes asuntos. Pero éste no es punto central en su planeta. Las mujeres hablan por toda una diversidad de razones que nada tienen que ver con resolver un problema: pueden compartir para acercarse, conectarse, sentirse mejor o para descubrir sus propios sentimientos.

> *Las mujeres pueden hablar por toda una diversidad de razones*
> *que nada tienen que ver con resolver un problema.*

La mujer podría estar hablando de quince pequeñas cosas que le han sucedido. Aunque ella quiere ser comprendida, él está descartando estas cuestiones como menos importantes que problemas mayores como planear negocios para aumentar su ingreso y mejorar la calidad de vida de los dos. Mientras él está ocupado haciendo estas comparaciones, la calidad de la conversación se viene abajo. Así como ella tiene dificultades para mantener su atención, él tiene dificultades para concentrarse.

101

Al cambiar el contexto de la conversación de la resolución de problemas a sólo escuchar (y ésta es una necesidad en la que él realmente puede ayudar), se concentraría sin mayor esfuerzo. Si una mujer le da a un hombre tareas concretas por hacer, le ayuda a subir sus niveles de testosterona.

Muchas veces, una mujer sólo quiere hablar sobre sus sentimientos y quiere que su compañero la escuche y trate de comprender su situación. Ella no necesita que él le resuelva sus problemas o que la ayude a clasificar lo que tiene o no tiene que hacer. Pero al compartir sus sentimientos sobre las tareas pendientes, ella trata de reducir sus niveles de estrés aumentando su oxitocina.

Si ella en el fondo espera que, al compartir sus frustraciones, él se sienta motivado a hacer más por ella, está equivocada. Así como los hombres no deberían tratar de resolver los problemas de las mujeres cuando ellas sólo están compartiendo sus sentimientos, las mujeres no deben esperar que los hombres escuchen y que luego hagan algo para resolver sus problemas. Tienen que ser claras en el sentido de que si intentan compartir sus sentimientos, no están pidiendo ayuda, y de manera indirecta esto también ayuda a los hombres con su lista de pendientes. En otra ocasión, sin toda esa combinación de sentimientos, ella puede pedir ayuda de manera más efectiva para que él haga algo.

Cómo recibir ayuda de Marte

Dada la presión del mundo actual y la tensión a la que están sometidas las mujeres, los hombres no deben ignorar la nueva carga que lleva una mujer. Sin duda alguna, las mujeres necesitan ahora más apoyo. Darles sólo el soporte que sus padres les dieron a sus madres ya no es lo adecuado para un hombre. Pero a pesar de estar agobiada, una mujer tiene que recordar qué hace sentir bien a su pareja para conseguir que él la ayude más.

Yo entendí por primera vez la importancia de este sencillo concepto un día que mi esposa me pidió que levantara tres de mis camisas que estaban tiradas junto a la cama y que las pusiera en el cesto de la ropa sucia. Lo hice feliz de la vida.

—Ve qué bonito se ve —ella sonrió con agrado—. Gracias por limpiar la recámara.

Tuve una grandiosa sensación de orgullo, como si yo sólo hubiera limpiado toda la recámara.

Las victorias sencillas motivan al hombre a hacer más.

El hecho de haberme dado todo el crédito por hacer un pequeño esfuerzo tuvo un efecto dramático en mí. Esto ocurrió hace veinte años y aún recuerdo cómo me sentí. El aumento de testosterona que percibí por ser apreciado por limpiar la recámara me motivó a seguir ayudando, haciendo cada vez más cosas en toda la casa. Su agrado y reconocimiento me recordó cómo me sentía al principio de la relación cuando lo que yo hacía estaba bien y era muy apreciado. Esta sencilla victoria al hacerla feliz elevó mi testosterona, me generó más energía y motivación para hacer más y sentirme más conectado con ella.

Cuando el hombre puede hacer cosas pequeñas que reciben una gran respuesta, tiene la energía y motivación para hacer más.

Si una mujer desconoce cómo los niveles de testosterona afectan la sensación de bienestar de un hombre puede malentender este ejemplo y creer que los hombres son como niños pequeños. Después de todo, una mujer no necesita reconocimiento por todo lo que hace en la casa. Ella quiere ayuda. Si no llega a comprender nuestras diferencias hormonales, ella pasará por alto la necesidad de reconocerlo o lo ignorará.

De manera similar, también los hombres pueden juzgar mal el comportamiento de una mujer. Cuando un hombre no comprende la necesidad que tiene una mujer de oxitocina para relajarse, puede creer que es demasiado exigente cuando ella pida más intimidad. Su necesidad de oxitocina requiere más halagos, atención, afecto y abrazos, y con mucha facilidad puede ser ignorada o tachada de ser demasiado necesitada. Al entender las raíces hormonales de nuestro comportamiento, podemos empezar a asimilar la razón

103

de que nuestros intentos por ayudar a nuestros compañeros en el pasado no hayan funcionado.

Dar menos para obtener más

Cuando una mujer está estresada, muchas veces comete el error de dar más en lugar de concentrarse en lo que debe hacer. Así como un hombre necesita descansar y recuperarse después de un día de actividad y desafíos, una mujer tiene que equilibrar su agitado día tomándose un tiempo para recibir el apoyo que necesita. Dar sólo estimula la producción de niveles óptimos de oxitocina cuando una mujer siente que también está recibiendo amor, apoyo y afecto.

Cuando una mujer se siente apoyada, sus niveles de oxitocina suben. Partiendo de esta base, ella puede seguir dando y mantener sus niveles de estrés bajo control. Aunque este ciclo puede funcionar en forma adecuada para sentirse cada vez más satisfecho, también puede ir en sentido contrario.

Cuando ella no obtiene lo que necesita, su cerebro recuerda que dar más la hace sentir mejor. A menos de que ella deliberadamente haga el esfuerzo por resistirse, sentirá una urgencia compulsiva por dar más en lugar de permitirse recibir.

> *Cuando una mujer no está consiguiendo lo que quiere,*
> *siente la necesidad de dar más.*

A menos de que ella aprenda a pisar el freno, con toda facilidad puede sabotearse a sí misma. Esto no funciona bien en Venus. Un hombre ama más a la mujer cuado ella no siente que está haciendo un sacrificio y cuando acepta lo que él tiene para ofrecerle. A medida que ella acepte mejor el apoyo que él le ofrece, el hombre se sentirá más exitoso.

> *A menos de que la mujer aprenda a pisar el freno,*
> *con toda facilidad puede sabotearse a sí misma.*

"Dar menos" es cosa fácil para un hombre, pero no es tarea sencilla para una mujer. Para producir oxitocina, la mujer necesita sentirse tan bien cuando recibe como cuando da. Aprender a decir que no a las exigencias del mundo es tan importante como tener la capacidad de decir que sí. Dado que para la mujer es difícil decir que no a las necesidades de los otros, puede cambiar su perspectiva si se da cuenta de que no está diciéndole no a los otros sino sí a ella misma. Al recibir más, ella podrá dar desde su corazón sin sensación de resentimiento o sacrificio.

Un temor común entre las mujeres es que si dejan de dar y se preocupan por ellas mismas, los hombres dejarán de amarlas. Esto no es verdad. Los hombres siempre aman a las mujeres satisfechas, realizadas. A medida que las mujeres entiendan esta diferencia podrán liberarse de la carga adicional de hacer feliz a un hombre.

Cuando el sacrificio es bueno

Pero todo lo anterior no significa que no debemos sacrificarnos por las personas que amamos. Podemos decir que el sacrificio es negativo cuando se convierte en una carga, pero si vale la pena es un sacrificio positivo. Un sacrificio positivo es un comportamiento maravilloso y amoroso. La palabra *sacrificio* viene del latín "hacer sagrado". Al dejar de lado nuestros deseos para apoyar al otro, hacemos que esa persona se sienta más especial y aumentamos nuestra capacidad para amar.

> *Hacer un sacrificio es hacer de nuestro compañero*
> *algo especial o sagrado.*

Aún puedo recordar el tremendo amor que sentía cuando me levantaba en la noche para tranquilizar a mis hijos si estaban enfermos o lloraban. Sacrificaba una noche de sueño, pero no era una carga. Dejaba de hacer lo que me gustaba por una buena causa. En ese proceso, creció mi capacidad de amar a mis niños, a mí mismo y a mi vida.

105

Se necesita realizar ajustes y compromisos para que las relaciones funcionen, y los hombres están tan dispuestos a hacerlos como las mujeres. Si recordamos que los hombres son de Marte y las mujeres son de Venus es muy fácil transformar los sacrificios negativos en sacrificios positivos que bien valen la pena.

Si quiero manejar más rápido y mi esposa quiere que baje la velocidad, puedo sentir que tengo que sacrificar mi necesidad de velocidad por su necesidad de seguridad. Incluso puedo sentir que se me quiere controlar y negarme a negociar. Es posible que sienta que manejar a gran velocidad reduzca mis niveles de estrés, pero en realidad aumenta los de ella. Me siento feliz de poder entender qué necesita ella y poder hacer un sacrificio positivo como expresión de amor y consideración. No tengo que dejar de manejar a gran velocidad para siempre. Cuando voy con ella, sólo tengo que manejar un poco más despacio.

Si comprendo que mi comportamiento está aumentando su estrés, el sacrificio se vuelve razonable y vale la pena. Como resultado, manejar más lento se convierte en un sacrificio positivo, un simple ajuste de mi parte porque ella es importante para mí. Lo que podría haberse entendido como una exigencia, ahora tiene un nuevo significado porque entiendo lo que Bonnie necesita para reducir su estrés.

Entender las diferentes necesidades que tenemos para lidiar con el estrés nos ayuda a comprender que los sacrificios bien valen la pena.

Es razonable respetar su necesidad si yo soy el que manejo y ella va en el siento de al lado. Sólo porque su área de seguridad en el carro es diferente a la mía, no significa que no confía en mí como conductor o que está tratando de controlar mi comportamiento. Para reducir sus niveles de estrés, ella sólo necesita sentirse más segura. A pesar de mi primera reacción un tanto quejosa, al realizar este comportamiento puedo sentirme como héroe.

Las mujeres en muchas ocasiones no aprecian el deseo del hombre por hacerlas felices pues tienen motivaciones muy distintas. La felicidad y los niveles de energía de una mujer son consecuencia de los comportamientos generadores de oxitocina relacionados con cuidar y ser cuidado, mientras que la felicidad y los niveles de energía de un hombre se derivan principalmente del comportamiento productor de testosterona que significa hacer una diferencia.

> *Cualquier cosa que haga que un hombre se sienta exitoso*
> *llamará su atención y le proporcionará energía.*

Hacer feliz a un hombre es más fácil de lo que se piensa

Hay cierta verdad en la máxima que dice: "El mejor amigo del hombre es su perro". A un perro siempre le da gusto ver a su amo. Y si el hombre ha tenido un día difícil, su perro no lo recibirá con quejas. Cuando llega a casa, la emoción y el entusiasmo de la bienvenida del perro le recuerda, una vez más, que él es el héroe. Un hombre sólo tiene que ver la cola agitada del perro para que sus niveles de estrés disminuyan.

Cuando yo llego a casa, a mi perro no puede darle más gusto verme y anunciará con alegría y emoción mi llegada a la sala entrando antes que yo. El héroe, a veces algo herido, ha regresado a casa. Esta animosa respuesta hace que todo haya valido la pena. Es por esto que el hombre quiere ser amado. El amor incondicional y el aprecio en abundancia significan mucho para un hombre. Entender por qué es tan fuerte la unión entre un hombre y su perro puede dar luz sobre la naturaleza del hombre y sus afectos.

> *Los hombres necesitan del amor tanto como las mujeres,*
> *es sólo que lo necesitan de diferente forma.*

El éxito del comportamiento y las decisiones de un hombre es lo que hace que aumente su testosterona y se sienta bien. Es por esto que el entusiasmo del perro, cuando llega a casa, es tan agradable para él. La lealtad más allá

107

de la duda y su aprecio sin condiciones hace que el hombre se sienta como si fuera vitoreado por un grupo de seguidores después de una importante victoria.

El sentido de autoestima de un hombre radica en lo que él puede hacer.

Para las mujeres también es importante el reconocimiento de sus actos y logros, pero este reconocimiento no reduce su estrés. Las mujeres muchas veces se preguntan por qué para los hombres es tan importante llevarse el crédito por hacer las cosas. Ser apreciado por sus logros estimula la producción de testosterona en el hombre. Las mujeres no le dan tanta importancia al recibir el crédito por lo que hacen porque esto no reduce sus niveles de estrés.

Tanto los hombres como las mujeres se merecen más crédito por lo que hacen, pero en el caso de las mujeres esto no reduce su nivel de estrés.

Esta sencilla diferencia explica por qué los hombres evitan pedir ayuda para encontrar una dirección cuando van en un auto o que rechacen ayuda médica a menos de que sea absolutamente necesaria. Las mujeres están más dispuestas a pedir este tipo de ayuda. Un hombre pedirá auxilio, pero sólo cuando cree que hizo todo lo que podía él solo. En este caso, pedir ayuda también puede generar la producción de testosterona porque es la forma en la que resuelve el problema. Pero el tiempo de hacerlo es diferente que para una mujer. Primero, él quiere intentarlo por sí mismo.

Un hombre pedirá ayuda, pero sólo después de que cree que hizo todo lo que podía él solo.

Cuando doy mis seminarios y les pregunto a los hombres si suelen detenerse para pedir indicaciones, la mayoría levanta la mano. Las mujeres suelen reírse ya que no les creen. La verdad es que los hombres piden indicaciones todo el tiempo. Sólo que lo hacen cuando sus compañeras no están cerca. En el carro, ella se percata de que él necesita ayuda mucho antes que él. Y esto sólo lo motiva más para que él le demuestre que no está perdido y que puede ser el héroe del día.

Para las mujeres es más importante conseguir ayuda porque es una situación que produce oxitocina. Si alguien le ofrece ayuda, ella pondrá una enorme sonrisa en su rostro. Está recibiendo el apoyo que necesita. En Venus, la calidad de las relaciones vale más que el éxito. En términos hormonales, la oxitocina que se produce al hacer cosas en conjunto es más importante para la mujer que la testosterona que se produce por hacer las cosas uno mismo.

En nuestras relaciones románticas, el deseo más profundo del hombre es hacer feliz a su pareja. Los hombres están predispuestos biológicamente a querer hacer que sucedan cosas y las mujeres desean verse beneficiadas. Un hombre no dedica su vida a buscar a alguien que lo ame. Por el contrario, busca a alguien a quien él pueda amar.

> *Un hombre busca a alguien a quien pueda amar exitosamente.*

De esta manera, los hombres y las mujeres son la combinación perfecta. Ella no puede estar más feliz que cuando trata de satisfacer sus propias necesidades, y él no puede ser más feliz que cuando tiene éxito en satisfacer las necesidades de ella. Dado este tipo de apoyo, una mujer se siente liberada de la carga que implica esa lista interminable de pendientes. Aunque nunca existirá un tiempo en el que ella no tenga nada que hacer, este apoyo la tranquiliza, le produce infinita energía y no se siente sola.

Con este tipo de apoyo, la mujer puede relajarse y disfrutar las muchas responsabilidades de su vida así como apreciar todo el apoyo que él le brinda. Él es feliz sabiendo que puede ayudarla a sentirse satisfecha sin que ella tenga que completar su lista interminable de responsabilidades. Entender lo anterior puede hacer un mundo de diferencia en nuestras relaciones, disminuyendo la tensión y generando la paz.

5 La solución 90/10

Cuando los niveles de oxitocina de una mujer son muy bajos es natural que ella busque el apoyo que requiere en su casa para aliviar el estrés. El problema de esta situación es que las mujeres esperan que sus compañeros les den ese apoyo. Durante miles de años, las mujeres no dependieron de los hombres para generar la oxitocina que requerían. Contaban con la ayuda de las mujeres de su comunidad, mientras sus esposos cazaban o, posteriormente, se ganaban la vida.

Históricamente, los hombres sólo han proporcionado un porcentaje muy pequeño del apoyo que necesitan las mujeres. El hombre siempre ha sido un proveedor y protector. Aunque los hombres todavía desempeñan esa función, ya no es tan relevante debido a que las mujeres pueden proveer y protegerse a sí mismas.

De hecho, un hombre sólo puede proporcionar una porción pequeña del apoyo que las mujeres necesitan para lidiar con el estrés al que se enfrentan en la actualidad. Si pensamos en la necesidad de oxitocina de la mujer como un pozo que tiene que llenarse, un hombre sólo puede llenar diez por ciento. Llenar el resto del pozo es responsabilidad de ella. Cuando una mujer tiene casi llenas sus necesidades, el hombre naturalmente se siente motivado a llenarlas por completo. Pero, por otra parte, si el pozo está vacío y él le proporciona sólo diez por ciento, ella sigue vacía. La impresión para ambos es que él no hizo gran cosa. Al acepar noventa por ciento de responsabilidad por su felicidad y sólo esperar diez por ciento de los hombres, las mujeres aumentan la posibilidad del éxito para ambos en la relación. Recordar la metáfora 90/10 puede ayudarte a crear expectativas realistas tanto para ti como para tu pareja.

> *Los hombres sólo pueden proporcionar una porción muy pequeña del apoyo que necesitan las mujeres para producir oxitocina.*

Un hombre puede estimular la producción de más oxitocina en una mujer, pero sólo cuando ella también acepta la responsabilidad de obtener lo que necesita de otras formas. En lugar de ver en el hombre la única posibilidad de satisfacer sus necesidades, la mujer debe ajustar sus expectativas. Esta actitud significa una gran diferencia en la dinámica entre los hombres y las mujeres dentro de las relaciones.

> *Cuando las necesidades de una mujer están casi llenas, el hombre se sentirá muy motivado para llenarlas hasta el tope.*

Si el pozo de ella está casi lleno y él cumple con su diez por ciento, entonces esto sí significará una gran diferencia en cómo se sentirá ella. Cuando la mujer pasa de sentirse bien a sentirse grandiosa, y ella le da todo el mérito a él, entonces él también se siente grandioso. Cuando realiza pequeñas cosas por ella hace una gran diferencia, él se siente automáticamente más motivado a hacer más cosas pequeñas. Esta sensación de satisfacción disminuye los niveles de estrés de él, estimula su interés en la relación y produce la energía que él puede usar para ser romántico.

> *Cuando hacer cosas pequeñas por ella significa una gran diferencia, el hombre tiende a hacer más cosas pequeñas.*

Dejar que él rebase el tope

Así como no es realista esperar que las mujeres hagan todo lo que hacían sus madres y además que tengan un trabajo, tampoco es realista esperar que los hombres tengan que compensar las cargas adicionales que enfrentan las mujeres y esperar que se conviertan en la única solución al problema. Los hombres y las mujeres pueden cooperar para aliviar su estrés, pero sólo con expectativas realistas y un sentido adecuado de la responsabilidad.

Los hombres no pueden ignorar las responsabilidades adicionales que tienen las mujeres en la actualidad y querer dar sólo el apoyo que sus padres les dieron a sus madres, pero la mayoría de los hombres no comprenden qué es lo que hay que hacer. Las destrezas para conservar las relaciones entre los hombres y las mujeres sirven para elevar la oxitocina, pero las mujeres también tienen que encontrar la manera de subir los niveles por sí mismas. Si la mujer dedica un tiempo para sentirse bien, luego puede dejar que su compañero la haga sentir grandiosa. La oxitocina aumentará sólo si ella adapta su estilo de vida de tal manera que tenga más tiempo para hacer las cosas que disfruta.

Como se mencionó con anterioridad, los hombres están más motivados cuando sienten que pueden hacer algo significativo. La mera idea de pasar tiempo con la mujer le dará energía al hombre si siente que él puede hacer que ella pase de sentirse bien a sentirse grandiosa. El compañero romántico de una mujer sólo puede hacer que ella rebase el tope cuando está "casi llena". Para ayudar a un hombre a apoyarla, una mujer debe hacer lo más que pueda para obtener el tipo de apoyo que necesita para elevar su nivel de oxitocina. Hay muchas formas en las que una mujer puede elevar sus niveles de oxitocina sin depender necesariamente de un hombre. Al aceptar la responsabilidad de reducir sus niveles de estrés de esta manera, la mujer es más receptiva y tiene mayor capacidad de apreciar los intentos del hombre por satisfacerla.

113

Cien formas en las que una mujer puede generar oxitocina por sí misma

A continuación hay una lista de algunas actividades que generan oxitocina y que pueden ayudar a la mujer a "llenar su tanque" ella sola. Son actividades en las que una mujer se trata bien a sí misma haciendo cosas que le resultan provechosas, satisfactorias, tranquilizantes y que incluyen hacer conexiones con otras personas además de su pareja. Como vimos en el capítulo 3, "Hormonas del estrés de Marte y Venus", la producción de oxitocina se ve estimulada por un comportamiento cariñoso y de atención.

1. Ve a que te hagan un masaje.
2. Ve al estilista para que te arregle el cabello.
3. Ve a que te hagan manicure o pedicure.
4. Planea una salida de noche venusina con tus amigas.
5. Habla con una amiga por teléfono.
6. Organiza una comida que no sea de negocios con una amiga.
7. Prepara una comida con una amiga y limpien juntas.
8. Haz meditación mientras caminas o respira profundo mientras haces ejercicio.
9. Pinta un cuarto con tu familia o amigos.
10. Escucha música.
11. Canta en la regadera.
12. Toma clases de canto.
13. Canta en un grupo.
14. Toma un baño con esencias.
15. Prende velas para la cena.
16. Sal de compras sólo por diversión con una amiga.
17. Visita un spa o tómate unas vacaciones en un spa con unas amigas.
18. Ve a que te hagan un facial.
19. Haz ejercicio con un entrenador personal.
20. Toma clases de yoga.
21. Toma clases de baile.
22. Camina durante una hora al menos.
23. Planea regularmente una salida a caminar y hablar con una amiga.
24. Prepara una comida con unos amigos que acaben de tener un bebé.
25. Prepara una comida para amigos o familiares que estén enfermos.
26. Siembra rosas y otras flores aromáticas en el jardín.
27. Compra flores recién cortadas para tu casa.
28. Cultiva un jardín de verduras.
29. Ve al mercado de productos frescos.
30. Prepara una comida con material de tu jardín o productos frescos de la localidad.
31. Haz una excursión.
32. Ve de campamento con un grupo.
33. Carga un bebé.
34. Acaricia, carga y cuida una mascota.
35. Organiza una "escapada de puras amigas".
36. Pídele a alguien que cargue algo.
37. Pide ayuda.
38. Pasa un rato curioseando en una librería sin propósito alguno.
39. Lee un buen libro.

40. Recopila las mejores recetas de tus amigas.
41. Toma una clase de cocina.
42. Consigue ayuda para cocinar, limpiar, salir de compras y cuidar la casa.
43. Contrata a un buen asistente.
44. Planea actividades familiares divertidas.
45. Haz una cena para una ocasión especial usando tu mejor vajilla y mantel.
46. Participa en una reunión de padres de familia.
47. Hornea pasteles para una recaudación de fondos.
48. Ve al teatro, conciertos y espectáculos de danza.
49. Haz un día de campo con amigos y tu familia.
50. Planea ocasiones especiales que esperes con gusto.
51. Forma parte de un club de nuevas mamás.
52. Cuida niños.
53. Alimenta a los hambrientos.
54. Lee revistas sobre modas y gente.
55. Asiste con regularidad a reuniones espirituales, religiosas o que te inspiren.
56. Mantente al día con noticias sobre tus amigos.
57. Ve tu programa de televisión o DVD favorito.
58. Escucha cintas o un CD de motivación.
59. Habla con un terapeuta o entrenador.
60. Estudia una nueva cultura o prueba su cocina.
61. Pasa un rato en la playa, un río o un lago.
62. Aprende a esquiar, jugar golf o tenis con amigos.
63. Disfruta de una cata de vinos con amigos.
64. Participa en un mitin sobre una causa social o política.
65. Asiste o participa en un desfile.
66. Contrata a alguien para que te ayude a organizar tu casa.
67. Ofrece tu ayuda a un amigo para hacer algo.
68. Toma una clase de nutrición, cocina o salud.
69. Lee poesía, escribe poesía y ve a una lectura de poesía.
70. Consigue un alimentador para pájaros y disfruta ver los pájaros que se acerquen a comer.
71. Visita un museo de arte.
72. Ve una película durante el día.
73. Escucha a un autor que se presente en una librería o biblioteca de tu localidad.
74. Lleva un diario de tus pensamientos y sentimientos.
75. Organiza un diario de fotos para cada uno de tus hijos.
76. Haz una lista de correos electrónicos de amigos a los que les puedas enviar fotos recientes.
77. Pídeles que hagan lo mismo.
78. Haz una lista de correos electrónicos de amigos que compartan opiniones políticas para apoyarse.
79. Toma una clase de pintura o escultura con una amiga.
80. Teje una bufanda para alguien a quien ames.
81. Sal a tomar un café exprés o una taza de té con amigos.
82. Haz una donación a alguna caridad.
83. Acomoda tu clóset.
84. Cambia el color de tu cabello.
85. Compra un nuevo traje.
86. Sal a comprar ropa interior sexy.

87. Comparte un álbum de fotos con amigos.	95. Toma una clase de arreglos florales.
88. Inscríbete en un gimnasio.	96. Trabaja como voluntaria en un hospital u hospicio local.
89. Juega cartas con amigas.	
90. Aprende y practica un nuevo plan de dieta o de limpieza para mejorar la salud.	97. Organiza una fiesta sorpresa para un amigo.
91. Regala tu ropa vieja a una caridad.	98. Regala los libros que has leído a un hospital o a la biblioteca.
92. Envía una tarjeta de cumpleaños.	
93. Usa productos caseros que no sean dañinos para el medio ambiente.	99. Cuida a los hijos de amigos para que ellos tengan tiempo para relajarse.
94. Prepara y congela alimentos para cuando no tengas ganas de cocinar.	100. Aparta un tiempo para hacer ejercicios de estiramiento.

Sin duda, puedes pensar en más actividades que te hagan sentir bien. Cada una de estas sugerencias involucra compartir, cuidar, hacer amistades y dar cariño y atención. Estos comportamientos de cuidado y amistad estimulan la producción de oxitocina y el bienestar subsiguiente.

Para algunas mujeres, leer esta lista resulta una revelación ya que es una manera de validar y darles permiso de hacer más de las cosas que les gusta hacer para los demás. Para otras mujeres puede ser una lista de pendientes. Si estás estresada, probablemente tienes la sensación de que ya no puedes hacer más. Por favor no ignores esta lista, tampoco ignores las necesidades de tus hijos sólo porque pueden parecer demasiado.

Usa esta lista y añade una cosa a tu vida esta semana que te haga sentir bien. A medida que se eleven tus niveles de oxitocina, será cada vez más fácil agregar a tu vida actividades generadoras de oxitocina. No olvides que la razón por la que estás agobiada con tantas cosas por hacer es que estás realizando demasiadas actividades generadoras de testosterona y no las suficientes para producir oxitocina.

La solución es encontrar el equilibrio y sólo tú puedes hacerlo. Tu compañero te puede ayudar, pero noventa por ciento depende de ti, de tus amigos y de tu comunidad.

Si sigues con esta vida agitada, apagando incendios según aparecen, nunca desaparecerá tu sensación de agobio y el estrés te destrozará. Sólo si te tomas el tiempo que necesitas para crear más oxitocina podrás reducir el estrés y disfrutar de manera plena tu vida. Si no lo puedes hacer por ti, hazlo por tu compañero o hijos. Recuerda: "Cuando mamá está feliz, todos están felices".

Anotar puntos en Venus

Aunque los hombres no pueden ser por completo los responsables de la felicidad de su pareja, sí quieren hacerla feliz. Pero cuando las mujeres están agobiadas, puede ser algo difícil de realizar. A continuación, les voy a presentar un retrato interior de la manera en la que las mujeres miden las aportaciones y los esfuerzos de un marciano.

Así como los hombres llevan puntuaciones en los deportes, las mujeres llevan puntuaciones en las relaciones. A nivel subconsciente, una mujer siempre lleva un registro de cuánto da ella en comparación con lo que recibe. Cuando él le da a ella, ella le pone un punto a su favor, y cuando ella le da a él, ella se anota un punto.

Los hombres también hacen esto, pero no en el mismo grado y no de la misma forma. Los hombres tienden a pensar que si realizan algo grande como hacer mucho dinero para la familia o llevar a su compañera en unas vacaciones lujosas, anotarán algunos cientos de puntos. Cuando él hace algo grande, piensa que puede relajarse durante un rato. Pero no es así como las mujeres llevan las puntuaciones.

En Venus, cada regalo de amor tiene la misma puntuación que otro regalo de amor, sin importar el tamaño. Cuando él hace algo grande, él sólo obtiene un punto, pero cuando él hace muchas cosas pequeñas obtiene muchos puntos. Cuando se trata de estimular la oxitocina, no importa qué es lo que haces y sí cuánto es lo que haces. Son las pequeñas muestras de afecto, atención y ofrecimientos de ayuda lo que hace que un hombre sume puntos en Venus.

> *En Venus, cada regalo de amor vale la misma puntuación que otro regalo de amor, sin importar el tamaño.*

Un hombre casado obtiene un punto por ir al trabajo, un punto por regresar y un punto por ser fiel. Éstos son tres puntos que valen oro. Sin estos puntos no puede obtener más. Estos tres puntos le dan la llave al corazón de su esposa, pero la puerta se abre haciendo cosas pequeñas.

Es crucial que el hombre entienda esto, porque los hombres hacen cosas especiales y luego se sienten frustrados cuando su compañera se queja de que no está haciendo suficiente. Es posible que él haya hecho algo grandioso, como sacarla a algún lado en especial, que en términos de testosterona tiene una puntuación de cien. Para ella, esta salida puede valer sólo tres o cuatro puntos. Más tarde, cuando ella se queja de que no pasan suficiente tiempo juntos, él concluye que ella es demasiado exigente o que no hay nada que él pueda hacer para hacerla sentir feliz.

Los hombres pasan por alto pequeñas cosas que en Venus valen muchos puntos.

En Venus, lo que importa es la intención. El mero hecho de ofrecerse a hacer algo garantiza un punto incluso antes de hacerlo. En lugar de ir a subir la temperatura del calentador en la casa, primero le digo a mi esposa: "Parece que tienes frío. ¿Te gustaría que calentara más la casa?". De un solo tajo, gano tres puntos: un punto por fijarme en ella y pensar en ella, un punto por ofrecerme a hacer algo sin que me lo pida y un punto por ir a subirle al calentador. Al comprender cómo se anotan puntos en Venus, un hombre puede fácilmente reducir el estrés haciendo feliz a su pareja.

Si realmente quiero ganar muchos puntos, me ofrezco a prender la chimenea para tener una tarde romántica. Entonces obtengo más puntos: un punto adicional por salir al frío y buscar leña, un punto por cargar la leña y un punto por hacer el fuego. En lugar de hacer un fuego grande, lo hago pequeño. Cada vez que pongo un leño me gano un punto por poner atención, y luego otro punto por poner otro leño.

De manera similar, los hombres obtienen puntos por escuchar. Cada vez que ella puede hablar de un tema sin que él interrumpa con una solución, él gana un punto. En diez minutos de charla, él con toda facilidad puede obtener diez puntos. Estos pequeños comportamientos pueden reducir los niveles de estrés de ella y hacer que de sentirse bien se sienta grandiosa. Al mismo tiempo, él funciona como proveedor de tal manera que puede sentir que ha logrado algo.

Cuando un hombre le lleva a su compañera un docena de rosas, ella lo aprecia, pero sólo recibe dos puntos: uno por hacerlo sin preguntar y otro por las rosas. Si él quiere obtener más puntos, en lugar de llevar una docena de rosas de vez en cuando puede llevar una rosa doce veces. Así anota veinticuatro puntos en lugar de dos.

> *Para obtener puntos, en lugar de llevar una docena de rosas y recibir dos puntos, un hombre puede llevar una rosa doce veces y obtener veinticuatro puntos.*

Al entender cómo se obtienen puntos en Venus haciendo cosas pequeñas, los hombres pueden hacer menos pero tener un mayor impacto. Cuando ella se queja de todo lo que tiene que hacer, en vez de asumir sus responsabilidades, él puede concentrarse en las pequeñas cosas que harán una gran diferencia y no en las cosas grandes. Él no tiene que resolverle sus problemas, sólo tiene que concentrarse en las pequeñas cosas que generan oxitocina.

Maneras en las que él puede llenar el tanque de oxitocina

Los hombres obtienen puntos por dar abrazos y por ser buenos proveedores. Cuando yo descubrí este sistema de puntuación, empecé a darle a mi esposa cuatro abrazos al día: uno en la mañana cuando la veo por primera vez, uno cuando me despido, uno cuando regreso y uno antes de acostarme. Al tener que ir a buscarla para darle los abrazos, obtengo un punto adicional por encontrarla. Así obtengo ocho puntos sólo por darle cuatro abrazos.

Al mostrar cierto interés y hacer algunas pocas preguntas sobre su día, con toda facilidad gano otros diez puntos. Cada vez que le pregunto algo que indique que estoy consciente de lo que ella hace, anoto un punto. Un hombre consigue más puntos si sus preguntas son específicas. En lugar de

119

decir: "¿Cómo te fue hoy?", puede preguntar: "¿Conseguiste lo que querías en la cita de mercadotecnia?". Esta pregunta demuestra que está involucrado. Él siempre obtendrá puntos por mostrar interés y preguntar sobre sus actividades, pero cuando hace preguntas específicas como preguntar sobre la cita con un doctor o cómo estuvo una salida a comer, él obtiene más puntos por saber lo que ocurre en su vida e interesarse en el resultado. Si él la llama de vez en cuando en el día para preguntarle cómo le fue en algo, obtiene aún más puntos.

> *Un hombre obtiene más puntos cuando sus preguntas son específicas en lugar de generales.*

Como ya he mencionado, el simple acto de escucharla hablar sobre su lista interminable de pendientes, sin tratar de resolver o minimizar sus problemas, hace que el hombre gane puntos importantes. Cada vez que ella habla de un nuevo tema y él no la interrumpe, obtiene un punto. Entre más tiempo hable ella, más puntos gana él.

Salir de vacaciones con ella vale algunos puntos, pero planear esas vacaciones o una salida romántica con anticipación hace que el hombre gane más puntos porque ella tiene más tiempo para prepararse para el viaje y pensar en lo maravilloso que será. Antes de ir, cada vez que ella lo platica con una amiga, ella le da un punto. Así, él puede obtener hasta treinta puntos antes de salir. Si toman muchas fotos, cuando ella comparte estas fotos con sus amigas después del viaje, él recibe puntos porque ella recuerda lo que sucedió.

Otra manera sencilla de conseguir puntos es que cuando él llegue a casa lo primero que haga es buscarla, y si ella llega después, interrumpir lo que está haciendo para darle un abrazo. Él obtiene un punto por el abrazo, un punto por iniciar el abrazo y luego un punto por suspender lo que estaba haciendo y convertirla a ella en la prioridad.

> *Cuatro abrazos al día es una forma sencilla de anotar muchos puntos con una mujer.*

Ésta es la misma idea que yace detrás de las cortesías, como abrir las puertas a las mujeres. No es que las mujeres no puedan abrir puertas. Por supuesto que pueden. Abrirles las puertas es un pequeño acto de consideración que expresa la intención de hacerles fácil la vida. Cuando un hombre camina por una calle con una mujer a su lado lejos del tráfico la está protegiendo, en cierto sentido, de sufrir algún daño y esto le gana un punto. Siempre que un hombre se ofrece a ayudar en alguna labor difícil, peligrosa o tediosa, obtiene un punto. Esto no significa que una mujer no deba hacer estas cosas, sólo significa que hay formas en las que los hombres pueden ganar más puntos.

Cuando un hombre se ofrece a cargar cosas, vaciar la basura, mover cosas, cargar maletas, manejar el carro, recoger cosas o arreglar la computadora, electricidad o plomería, estimula la producción de oxitocina en una mujer. Las mujeres tienden a fijarse en estos detalles, y realmente estos detalles se suman para hacer que ella se sienta amada y protegida, lo que la ayuda a lidiar con el estrés.

> *Siempre que un hombre ofrece su ayuda,*
> *consigue un punto adicional sólo por ofrecerse.*

Si el trabajo de él es limpiar la cochera, obtiene un punto; pero cuando ella tiene el tanque casi vacío, su esfuerzo puede pasar inadvertido. Ofrecerse a ayudar en cualquier labor doméstica, particularmente cuando no es algo que a "él le corresponde" producirá oxitocina y él ganará puntos adicionales.

Demostrar afecto y halagar también son poderosos estimulantes de oxitocina. Cuando un hombre se toma un momento para observar y decir lo hermosa que se ve su mujer, hace algo significativo. Es posible que él crea que lo ha hecho miles de veces, pero una mujer nunca se cansa de ser halagada. Todo se suma.

> *Demostrar afecto y halagar también son poderosos estimulantes de oxitocina.*

121

Cuando un hombre se esfuerza mucho en hacer algo, sabe apreciar cuando su esfuerzo es reconocido. De manera similar, las mujeres valoran que un hombre se fije en lo bien que se ve. Ellas muchas veces ponen mucha energía en verse bien y es importante que él lo note y que diga algo. Aunque al hombre no le interese la moda, a la mujer sí. Si él se toma el tiempo para notar lo bien que ella se ve, gana puntos.

Cuando ella habla, él debe ocasionalmente tocarle la mano. Es un gesto sencillo y natural y él gana dos puntos. El afecto es muy importante para las mujeres porque es un productor principal de oxitocina.

Cien formas en las que un hombre puede elevar los niveles de oxitocina en una mujer

Los hombres por lo general no tienen idea sobre cómo satisfacer las necesidades emocionales de una mujer. Si no entienden la importancia de las actividades que estimulan la oxitocina, él puede creer que es imposible. Con este nueva comprensión, todo se vuelve más fácil. Los pequeños detalles son los que hacen una gran diferencia.

La siguiente lista de sugerencias puede darle a los hombres ideas sobre cómo motivar la producción de oxitocina en sus compañeras. Si él hace una o dos de estas cosas, verá un cambio inmediato en su pareja. A las mujeres les encanta ser el objeto de adoración. Entre más y más seguido haga las cosas pequeñas, más diversión tendrán como pareja. El brillo regresará y él será el responsable de eso.

1. Hazle un café o té por las mañanas, especialmente los fines de semana.	7. Sugiérele salir a caminar.
2. Déjale una nota diciéndole que la amas.	8. Dile que está tan bella como el día en que la conociste.
3. Dale una rosa de tallo largo.	9. Abrázala cuando te levantes.
4. Alaba su nueva blusa.	10. Abrázala cuando te vayas.
5. Ábrele las puertas.	11. Abrázala cuando regreses.
6. Planea un picnic sorpresa.	12. Abrázala antes de irte a dormir.

13. Recoge los platos sin que te lo pida.
14. Fíjate y halágala cuando haya ido al salón de belleza.
15. Ábrele la puerta del coche, por lo menos, cuando salgan.
16. Compra boletos para el concierto o la obra que ella quiere ver.
17. Tomen clases de bailes de salón.
18. Vayan a bailar con amigos.
19. Anímala para que vea películas para adultos con amigas.
20. Contraten un entrenador personal y hagan ejercicio juntos.
21. Haz una fogata en un día lluvioso.
22. Haz un pequeño jardín de flores para ella.
23. Dale una jardinera con hierbas.
24. Ofrécele tu ayuda con el trabajo tedioso de la cocina.
25. Descarga o haz una mezcla de la música que le gusta.
26. Háganse masajes.
27. Aprende a hacerle masajes (sin esperar sexo).
28. Masajéale los pies cuando esté cansada.
29. Regálale una suscripción a una revista especial.
30. Llévala a una exposición de artesanías.
31. Regálale una fotografía de ustedes dos para su escritorio.
32. Tómale nuevas fotografías para tu escritorio.
33. Sorpréndela con panecillos o ensalada de frutas para el desayuno del fin de semana.
34. Jala su silla para que se siente en casa y en los restaurantes y deja que tenga la mejor vista.
35. Regálale selecciones exóticas de té o café.

36. Lleva su coche a que lo laven o lávalo tú mismo.
37. Lava las ollas y sartenes después de la comida y ponlas en su lugar.
38. Dale como regalo un certificado para manicure.
39. Regálale lencería sexy.
40. Llévala a un mercado de antigüedades.
41. Pregúntale si necesita algo mientras van a camino a casa.
42. Ofrécete para hacer las compras de la casa.
43. Ayuda a colocar en su lugar los comestibles.
44. Dile que la amas.
45. Llévala a tomar un cono de helado en una tarde de verano.
46. Regálale la última novela de su escritor favorito.
47. Ofrécete para doblar la ropa limpia.
48. Compra un pequeño radio o televisión para la cocina.
49. Regálale una selección de esencias de aromaterapia para que se relaje.
50. Ofrécete a recoger o llevar la ropa a la tintorería.
51. Hagan una paseo en bicicleta.
52. Renta un DVD de comedia romántica.
53. Prepara desayunos en la cama para ella y los niños.
54. Pon la mesa si ella está cocinando.
55. Envíale correos electrónicos diciéndole que la extrañas.
56. Llévala a hacer canotaje, velerismo o remo.
57. Pon tus calcetines en el cesto.
58. Llévala al museo (después de una noche de buen sueño).

59. Sugiérele ir con sus padres a comer fuera de casa.
60. Regálale hermosos jabones para el baño de invitados.
61. Jueguen tenis juntos.
62. Haz la cama de vez en cuando.
63. Manda enmarcar un álbum con las fotos de sus vacaciones o haz un álbum en la computadora.
64. Edita un video con el cumpleaños de cada uno de tus hijos.
65. Vayan juntos a pescar.
66. Empiecen un brazalete con amuletos de cada suceso importante o viaje que hagan.
67. Llévala a exposiciones de perros.
68. Regálale un video de meditación.
69. Pregúntale por su día con referencias específicas.
70. Alábala por su maravilloso gusto.
71. Haz una cita para almorzar con ella.
72. Remplaza el foco fundido sin que ella te lo pida.
73. Recoge la casa cuando los invitados estén a punto de llegar.
74. Vayan a recolectar manzanas o moras.
75. Invítala a salir.
76. Vayan a montar de manera espontánea al campo.
77. Toma su mano en el cine (no todo el tiempo).
78. Agradécele por amarte.
79. Jueguen cartas con otras parejas.
80. Halaga su habilidad para cocinar.
81. Escucha la contestadora y anota los recados.
82. Llévala a una feria.
83. Brinda antes de la cena, no importa lo que estén tomando.
84. Sorpréndela con una gran planta de orquídeas.
85. Alábala por todas las cosas que hace.
86. Consigue un audio-libro para viajes largos.
87. Periódicamente libérate del montón de cosas que tienes de tu lado de la cama.
88. Únanse a un grupo de lectura o hagan un seminario por internet.
89. Ofrécete para empezar a ahorrar para el viaje de sus sueños.
90. Regálale lujosas sales y aceites para el baño.
91. Graba sus programas favoritos si se queda trabajando hasta tarde.
92. Regálale tarjetas o notas especiales para ocasiones importantes.
93. Alaba la hermosa casa que ha creado.
94. Hazte cargo de hacer la cena una vez a la semana.
95. Vayan a una reserva natural para excursionar.
96. Dile que se ve hermosa cuando sale de la regadera.
97. Llévala a una galería de arte.
98. Regálale un certificado de regalo para que se haga un facial.
99. Pídele que te haga una lista con todas las tareas domesticas que puedes hacer durante el mes.
100. Ofrécete a preparar las bebidas de los invitados.

Después de leer esta lista, sin duda alguna podrás añadir más cosas para ayudar a tu pareja. Diviértete. Recuerda, nada es un detalle demasiado pequeño.

Los matices del sistema de puntuación de una mujer

Al mismo tiempo que una mujer lleva el registro de puntos de su pareja, también está evaluando su propio comportamiento. A veces, un hombre siente que no puede hacer nada significativo porque su pareja cree que ha conseguido más puntos que él. Ella piensa: "Yo hago más que él, así que sus puntos no cuentan". Por lo general esto sucede cuando la puntuación es algo así como treinta y tres a tres.

Como lo mencioné antes, él empieza con tres puntos por ir a trabajar, regresar a casa y ser fiel. Ella se otorga los mismos tres puntos y luego otros treinta por hacer todo lo que tiene apuntado en su interminable lista de pendientes que se refiere en específico a él. Cada vez que ella levanta algo que es de él, se da un punto. Cuando hace una comida que le gusta a él, se da un punto. Incluso cuando se preocupa por él, se da un punto. Las mujeres son expertas cuando de juntar puntos se trata.

Para cuando terminó el día, si ella ya tiene treinta y tres puntos y la puntuación de él sigue siendo de tres, ella, de manera inconsciente, calcula una nueva puntuación. Entonces resta la puntuación que él tiene de la de ella para obtener una nueva puntuación. Treinta y tres menos tres puntos es igual a cero, ésta es la nueva puntuación. Cuando él regresa a casa, ya tiene un cero. Cuando una mujer se pone a registrar puntos de esta manera yo digo que tiene un resfriado de resentimiento. Ella tiene la impresión de que los esfuerzos por dar apoyo no son iguales de ambas partes.

Cuando una mujer siente resentimiento, pierde su capacidad para reconocer los puntos del hombre.

Si él no se desanima y sigue realizando pequeños detalles, la puntuación se equilibra y ella siente que tiene más apoyo. Es como si su mente nunca dejara de llevar el registro de puntos. Cuando la puntuación está casi pareja, ella se siente maravillosa otra vez.

También existe el catarro de resentimiento, ella decide quitarle puntos cuando él comete un error o no cumple con lo que se espera de él. Cuando el pozo de la mujer está casi lleno, es más fácil que ella le dé puntos por todo lo que hace por ella. Puede que él sólo esté sentado en un sillón viendo las noticias, pero ella se percata de lo agradable que es el mero hecho de tenerlo ahí. En lugar de quitarle puntos por sus errores, le da puntos por intentar hacer las cosas. La situación puede ser igual que al principio cuando ella apreciaba todo lo que él hacía.

> *Cuando el pozo de la mujer está casi lleno, es más fácil que ella le dé puntos sólo por intentar hacer las cosas.*

Esta transformación solamente puede darse si ella hace más para ayudarse a sí misma y no espera que su compañero sea la fuente principal de sus satisfacciones. Los puntos de oxitocina que puede proporcionar un hombre sólo pueden ser significativos cuando ella dedica tiempo a llenar su tanque por sí sola.

> *Un hombre sólo puede garantizar diez por ciento de la satisfacción de una mujer. El resto depende de ella.*

Otra diferencia entre los sexos al anotar puntos es que un hombre se siente maravilloso cuando va ganando. Si obtiene más puntos, está contento y feliz de poderse relajar durante un instante. Cuando una mujer tiene más puntos cree que va perdiendo. Para que ella gane, tiene que sentir que recibe tanto como lo que da.

La importancia de conversar

A lo largo de mis treinta años como asesor he notado que si una mujer se siente motivada a hablar de todas las cosas que tiene apuntadas en su lista de pendientes y de sus sentimientos sobre cómo le fue en el día, la carga que representa esa lista desaparece para cuando terminamos la conversación. El estrés que padece tiene más que ver con cómo se siente que con la cantidad de cosas que tiene anotada en su lista de pendientes.

El mero hecho de hablar sobre todo lo que tiene que hacer le permite liberarse de esa compulsión interior que le dice que haga más cosas y que no reserve tiempo para ella. Vimos en el capítulo 2, "Programados para ser diferentes", que las mujeres cuentan con más centros verbales en su cerebro que el hombre. A lo largo de un día laboral, si sus palabras se usan para hacer en lugar de para compartir, no produce la oxitocina que necesita para lidiar con el estrés. Los cerebros de las mujeres están programados para ser más verbales y protectores y cariñosos, que es justo como es una mujer. El simple hecho de hablar, aunque no se resuelvan los problemas, produce un profundo cambio en sólo unos cuantos minutos.

> *Hablar, a pesar de que no se resuelvan los problemas, puede producir un cambio profundo.*

Ella se siente más feliz y contenta cuando sus niveles de oxitocina suben, aunque ninguno de los problemas se haya resuelto o nada se haya tachado en su lista de pendientes.

Los hombres son sólo postres

Tomarse el tiempo para hablar con su pareja sin objetivo preciso puede contribuir mucho a reducir el estrés en la mujer, pero no es suficiente. Debemos recordar que en las generaciones pasadas, muchas de las horas del día de la mujer estaban dedicadas a actividades en grupo que de manera natural producían oxitocina. Hasta un cierto grado, su vida producía toda la satisfacción necesaria y los sentimientos románticos de su pareja eran un ocasional pero muy especial postre. Incluso cuando una mujer trabajaba fuera de casa, lo hacía generalmente dentro de una comunidad de mujeres que hacían labores en las que se encargaban de otros, como enseñar, cuidar niños y enfermos. Ahora, las mujeres enfrentan los problemas y desafíos del día laboral sin los beneficios de un trabajo o medio ambiente que genere oxitocina. Usar la proporción de 90/10 y aceptar mayor responsabilidad por su felicidad no sólo liberará a la mujer del resentimiento que puede sentir por su pareja, sino que ayudará a que él la apoye a ella. ¡Así ganan tanto el hombre como la mujer!

6 El señor "arréglalo todo" y el comité "pro mejora del hogar

La necesidad que tiene el hombre de estar solo y la necesidad que tiene la mujer de pasar más tiempo juntos están programadas en nuestra conformación biológica. En mis libros anteriores describí la necesidad del hombre de estar solo cuando regresa del trabajo como "tiempo en la cueva". Un hombre necesita este tiempo en la cueva para restaurar sus niveles de testosterona que, justo al final del día, se encuentran bastante bajos. Así como las mujeres necesitan más tiempo para hablar, compartir y cooperar con un hombre, un hombre necesita más tiempo para recuperarse de su estrés. Para ello, el hombre necesita espacio para hacer las cosas solo o, por lo menos, para estar en control de lo que hace.

Cuando una mujer se queja del tiempo en la cueva del hombre o su necesidad de tener un espacio, ella no comprende que su retiro es una manera importante de generar testosterona. Es difícil para una mujer imaginar la necesidad de su compañero porque la necesidad del hombre de recuperar los niveles de testosterona es mucho mayor que la de ella. Como ya hemos discutido, el hombre necesita treinta veces más testosterona para lidiar de manera efectiva con el estrés. Este comportamiento masculino es desconocido por completo para ella.

Los hombres necesitan treinta veces más testosterona para lidiar de manera efectiva con el estrés.

En última instancia, la mayoría de las mujeres intentan reducir el estrés conectándose con su compañero, no alejándose. Pero las mujeres pueden usar este tiempo para estar solas y respirar, libres de la presión diaria de tener que hacerlo todo. Mientras ella se toma un descanso, podría hacer cosas para cuidarse y así elevar sus niveles de oxitocina y, por lo tanto, relajarse. Pero esto no siempre es fácil de hacer. Para algunas mujeres, la mera idea de tomarse un tiempo puede causarles agobio. Empiezan a imaginarse todo lo que podría suceder si se detuvieran a disfrutar el aroma de una rosa.

Algunas mujeres, especialmente las que tienen trabajos generadores de testosterona, como banqueras, en centros de inversión, leyes o posiciones ejecutivas, también sienten la necesidad de pasar tiempo en la cueva, igual que los hombres. Durante las horas laborales ellas también funcionan con testosterona y tienen que ponerse atención para recuperar tanto su nivel de testosterona como el de oxitocina. Necesitan tiempo en la cueva pero, a diferencia de los hombres, también necesitan tiempo para relacionarse.

Las mujeres que tienen trabajos generadores de testosterona necesitan tiempo en la cueva, pero también necesitan tiempo para relacionarse.

El estrés que no se libera no sólo evita que una mujer se sienta bien y positiva, también puede limitar su fertilidad, además de otros potenciales problemas de salud que ya hemos discutido. Con mucha frecuencia he observado mujeres que tienen problemas de fertilidad porque no están enfrentando de manera eficaz el estrés causado por sus trabajos generadores de testosterona. En los últimos quince años el descenso en fertilidad de las mujeres se ha convertido en un asunto importante de salud y de preocupación en las relaciones.

Estas mujeres suelen enfrentar el estrés del trabajo tomándose un tiempo para estar solas o haciendo algún ejercicio en solitario, como correr, pero no hacen la transición de cuidar su lado femenino con comportamientos generadores de oxitocina. Muchas mujeres infértiles han recuperado su fertilidad con sólo aumentar los comportamientos, seguir terapias y comer alimentos generadores de oxitocina. Para conocer más sobre cómo limpiar y nutrir tus células para generar oxitocina, puedes visitar mi sitio web: www.marsvenuswellness.com.

> *Así como las mujeres que se están recuperando del estrés tienen dificultad para tomarse tiempo para ellas, los hombres cuando están bajo estrés tienen dificultad para estar disponibles para los otros.*

Así como las mujeres que se están recuperando del estrés tienen dificultad para tomarse tiempo para ellas, los hombres cuando están bajo estrés tienen dificultad para estar disponibles para los otros. A las mujeres les gusta reunirse para hacer cosas de manera conjunta al final del día, pero este tipo de conexiones no ayuda al hombre y sólo le quita la poca energía que le queda. El deseo de ella de compartir y pasar tiempo juntos hace muy poco para reducir los niveles de estrés de él, pero, una vez que él se liberó de su estrés, también puede ser muy importante la satisfacción que viene del hecho de compartir y relacionarse.

El señor "arréglalo todo" en funciones

Los hombres tienen una motivación natural a comunicarse de manera tal que se reduzca su nivel de estrés. No tienen ni la menor idea de que este mismo estilo de comunicación puede aumentar los niveles de estrés de una mujer. Para que un hombre se libere del estrés tiende a resolver un problema o a descartarlo de alguna u otra forma. Una mujer busca una respuesta más cálida y en la que se pueda apoyar. Él piensa que sólo está expresando su opinión porque quiere ayudar, mientras que ella considera que su comportamiento es poco interesado y frío, o que simplemente no la entiende. Veamos esto desde un punto de vista práctico.

La que sigue es una lista de ejemplos de cómo los hombres tratan de arreglar o descartar los asuntos sobre los que puede hablar una mujer:

- "No te preocupes por eso."
- "Esto es lo que tienes que hacer..."
- "Olvídalo."
- "No es importante."
- "Eso no es lo que pasó."
- "Eso no es lo que él quería decir."
- "Esperas demasiado de él."
- "Tienes que aceptar las cosas tal como son."
- "No tienes que alterarte por eso."
- "No dejes que te hablen así."
- "No tienes que hacerlo."
- "Sólo haz lo que quieres hacer."
- "No dejes que te afecte tanto."
- "Es muy sencillo, sólo dile..."
- "Todo lo que tienes que hacer es..."
- "Olvídalo. Hiciste todo lo que pudiste."
- "No es para tanto."
- "Mira, ya no hay nada que puedas hacer al respecto."
- "No tienes por qué sentirte así."
- "Tienes que aprender a no dejar que te afecte de esa manera."

En Marte, estos breves comentarios representan todo un apoyo, pero en Venus son un insulto. Si ella está en la modalidad de resolver problemas, cualquiera de estos comentarios puede ser de utilidad. Pero si ella está molesta y lo que quiere es apoyo, pueden dar la impresión de que se le está restando importancia o pueden resultar condescendientes.

Una mejor respuesta por parte del hombre sería sólo escuchar y hacer más preguntas. En lugar de comentarios dirigidos hacia la resolución del problema, él sólo tiene que hacer sonidos tranquilizadores, como lo demuestra el siguiente ejemplo:

Julie se deja caer en el sillón junto a su esposo Ted y se quita los zapatos. Él deja la revista que estaba leyendo.

—Hola, querida —él estira el brazo para abrazarla—. ¿Cómo salieron las cosas?

—¿Qué, no te lo imaginas? —ella se recarga en él—. ¡Siento como si me hubieran dado una paliza!

—¿Qué pasó?

—Pues mi jefe no dejó de interrumpirme con preguntas...

—Mmmh...

—Yo tenía todas las repuestas, estaba más que preparada.

—Te preparaste tan bien —él le da ánimo.

—Pero Simon rompió el ritmo de mi presentación —ella añade— y me parece que ésta perdió fuerza.

—¿En serio? —Ted pregunta.

—Bueno, no me sentí en control. Cada vez que todo fluía, Simon añadía algo, como si fuera una competencia y no un trabajo en conjunto. Fue tan frustrante.

—Me lo imagino.

—Le iba a decir algo al respecto, pero pensé que mejor me calmaba primero.

—Buena idea.

—Y esto habló bien de mí con los clientes.

—¿Qué pensaron tus colegas?

—Nichole me fue a buscar a la oficina y dijo que ella se había dado cuenta, pero que Simon quedó como un tonto. Bob sólo me felicitó por lo bien que estuvo la presentación.

—Eres tan profesional y te ves maravillosa también.

Julie se ríe.

—Gracias Ted, tú también te ves bien...

Aunque cada célula de su cuerpo quiere dar una solución o responder de manera emocional, Ted hace lo correcto. Sólo respira profundamente y de alguna u otra forma le dice: "Dime más".

> *Aunque cada célula de su cuerpo quiere dar una solución o responder de manera emocional, Ted hace lo correcto. Sólo respira profundamente y de alguna u otra forma le dice: "Dime más".*

Es esta capacidad de permanecer, de poner atención y concentrarse en lo que ella dice y siente lo que logra reducir el estrés con el que ella llegó a casa. Comportarse como el señor "arréglalo todo" ofreciendo soluciones o haciendo menor el problema no sirve de ayuda. Cuando él entiende nuestras diferentes reacciones al estrés, puede comprender por qué tantos intentos del señor "arréglalo todo" han acabado en fracasos.

Las mujeres admiran a los hombres que guardan la calma y no se alteran. Las mujeres también están contentas cuando los hombres arreglan las cosas. Pero cuando un hombre ofrece soluciones rápidas a su recuento emocional del día, ella interpreta su esfuerzo como falta de consideración por sus sentimientos. Lo que ella necesita es que él la escuche y le haga más preguntas. Entre más escuchada y comprendida se sienta, mejor será su estado de ánimo.

Los hombres son velocistas cuando se trata de hacer las labores domésticas

Cuando el señor "arréglalo todo" tiene que hacer cosas en la casa, lo mejor es dejar que trabaje a su propio paso. Como he dicho antes, los hombres están mejor calificados para hacer trabajos que generen testosterona. Los proyectos, y no las rutinas, son los que tienden a estimular más la testosterona. Cuando se trata de las labores domésticas, un hombre puede hacer un proyecto a su paso. Tiene que tener un principio y un final definido. Esto hace que genere testosterona y él no tiene la impresión de que su compañera lo está dirigiendo o administrando. Aún más importante, él no tiene que depender de ella para tomar decisiones. No tener el control de un proyecto puede acabar con toda la energía de un hombre. No es que él tenga que controlarla a ella, él sólo necesita estar en control de lo que va a hacer. Ésta es otra manera en la que los hombres necesitan espacio, el espacio para hacer las cosas ellos solos.

134

A veces, un hombre puede disfrutar de las actividades conjuntas que generan oxitocina, pero éstas no elevan sus niveles de testosterona. Muchos hombres tienden a perder el interés y la energía cuando hacen rutinas domésticas de protección y generadoras de oxitocina como lavar ropa, ir de compras, cocinar y limpiar. Cuando los hombres deciden hacer algunas de estas actividades generadoras de oxitocina, lo harán de tal manera que también aumenten el nivel de testosterona, ya sea llevando las riendas o, por lo menos, con una función en particular.

Cuando mi esposa y yo vamos de compras al supermercado, yo tengo un trabajo muy definido: pagarle a cada vendedor, empujar el carrito y llevar las bolsas pesadas. Asimismo, cuando ayudo con los platos, me paro frente al fregadero y lavo los platos mientras otros me los llevan, guardan las cosas o limpian la mesa. Cuando yo tengo una cosa definida por hacer, sin necesidad de tomar toda una serie de decisiones en las que está involucrada mi pareja, me siento con más energía. Tenerle que preguntar a nuestra compañera en cada ocasión dónde hay que guardar la comida y recordar en dónde le gusta que se pongan las cosas, puede ser algo agotador para un hombre, por lo menos al que le gusta hacer las cosas solo, en especial si está cansado.

> *Cuando el hombre tiene una cosa definida por hacer, sin necesidad de tomar una serie de decisiones en las que involucre a su pareja, se siente con más energía.*

Por lo general, los hombres están más que dispuestos a hacer todas las cosas que no significan cuidar al otro. En términos generales, están felices de arreglar las cosas que se rompen. "Arreglar" es una actividad que produce testosterona, mientras que las actividades que requieren cuidar a los otros producen oxitocina. Otras actividades domésticas que producen testosterona son armar cosas, cargar y manejar varios artefactos de la casa, conducir durante trayectos largos y hacer ciertos encargos como llevar y recoger a los niños a un lugar específico, ordenar la cochera y el patio, vaciar la basura y otros trabajos sucios, cargar cajas pesadas, cargar las bolsas de las compras, cortar el césped, arreglar las grietas, pintar, arreglar la tubería, acomodar las cosas después de un desastre como una inundación, encargarse de las goteras, las emergencias y los imprevistos, y revisar el exterior cuando puede haber peligro. Es importante que las mujeres reconozcan que éstas son el tipo de cosas que siempre le pueden pedir a su pareja que haga; harán que se sienta más unido a ella después de hacerlas y de que ella aprecie su ayuda.

Si una mujer quiere que un hombre comparta las responsabilidades domésticas, si bien es algo que puede suceder, debe ser consciente de que no será de la manera en la que lo haría una mujer. Las mujeres instintivamente quieren compartir el proceso y la toma de decisiones, pero los hombres tienen mayor necesidad de tener un espacio para hacerlo a su manera en su propio ritmo. Las mujeres no entienden esto porque tienen una idea diferente del tiempo adecuado y las prioridades. Para él, el descanso y el relajamiento casi siempre son más importantes que cualquier labor rutinaria. La rutina puede posponerse hasta que casi se convierta en una emergencia en lo que a él respecta. Él reacciona bien cuando se trata de arreglar cosas o manejar a lugares porque por lo general se trata de pequeñas emergencias que estimulan en su cerebro la energía necesaria para hacer la actividad.

> *Cuando un hombre ayuda en la casa, no lo hace como lo haría una mujer.*

Por lo general el hombre está contento de hacer proyectos, encargarse de solicitudes inmediatas y de ofrecer otro tipo de apoyo para hacer feliz a una mujer, especialmente cuando ella tiene un problema o está demasiado cansada para hacer algo. Pero esperar que él participe todos los días en sus labores rutinarias como ayudante sólo acabará por agotarlo. En este sentido somos muy compatibles: las pequeñas emergencias y desafíos que le dan energía a un hombre, le quitan energía a una mujer.

> *Cuando se trata de las labores domésticas, piensa en el hombre como un corredor de sprints y no de largas distancias.*

Un hombre se siente orgulloso de poder hacer las cosas por sí mismo. Ésta es una de las razones por las que los hombres no piden ayuda de inmediato. Prefieren manejar una hora que pedir instrucciones para demostrar que ellos mismos pueden resolver el problema. Ofrecerle ayuda a un hombre puede ser molesto o incluso grosero. Los hombres pueden interpretar sugerencias inocentes como quejas, cuando las mujeres lo único que quieren es ayudar.

El comité "pro mejora del hogar"

Las mujeres tienden a pensar que están apoyando a los hombres cuando dan ayuda que no se les pidió, ya que ellas están contentas cuando alguien les ofrece ayuda. Es algo que incluso las mujeres esperan. Ayudar es una manera de pasar tiempo con otros, de relacionarse y de cooperar. Todas estas actividades reducen los niveles de estrés de la mujer, pero no los del hombre. Las mujeres con gusto se prestan para ayudar en la cocina o limpiar después de una comida. Hacer cosas juntas es lo que ellas hacen.

Cuando una mujer ama a un hombre, su deseo de ayudar se extiende a él. Ella quiere ayudarlo a que logre todo lo posible. Ella puede emocionarse tanto sobre esta sociedad (y nueva oportunidad) que decide crear el comité "pro mejora del hogar" y se concentra en mejorarlo a él. Así como los hombres tienden al comportamiento del señor "arréglalo todo", las mujeres tienen un gen de "pro mejora del hogar".

Éste no es el tipo de atención que quiere un hombre, pero ella cree que está comportándose de forma amorosa. Sus hormonas para cuidar de los demás funcionan a plenitud. Hacer algo solo genera testosterona; hacer cosas juntos genera oxitocina. "Lo hice" produce testosterona, mientras que "lo hicimos" produce oxitocina. Los hombres pueden considerar al comité "pro mejora del hogar" como quejas o regaños, mientras que las mujeres sólo quieren ayudar.

Cuando el comité "pro mejora del hogar" se fija en él

Aquí hay una lista de ejemplos de lo que dice el comité "pro mejora del hogar" de una mujer:

137

- "¿Te vas a poner esta corbata?"
- "¿Ya comiste?"
- "¿Hablaste con nuestro abogado sobre esto?"
- "¿Por qué necesitas comprar uno nuevo?"
- "¿Cuándo vas a guardar esto?"
- "¿No necesitas un corte de cabello?"
- "Deberías comprar playeras nuevas. Éstas tienen agujeros."
- "Deberías bajar la velocidad, te pueden multar."
- "¿Cuándo vas a recoger esta oficina? ¡No entiendo como puedes trabajar así!"
- "¿Cómo puedes pensar con la música tan fuerte?"
- "¿Vas a guardar eso?"
- "¿Cuándo vas a podar el césped?"
- "La próxima vez deberíamos leer las reseñas."
- "¿Te lavaste las manos?"
- "Ya te comiste un postre."
- "No estás descansando lo suficiente."
- "Deberías planear más las cosas."
- "Se te olvidó apagar el DVD. Quizá si lo pones aquí lo recordarás en adelante."
- "No se te olvide hacer las reservaciones."
- "Tu clóset es un tiradero. ¿Cuándo lo vas a recoger?"

Una mejor forma de cuidar a un hombre es darle el suficiente espacio para que haga las cosas como a él le gusta. En vez de tratar de cambiarlo y mejorarlo, fíjate en las cosas que hace bien y muestra tu aprecio. Cuando una mujer reconoce lo que hace un hombre, le ayuda a recuperar sus niveles de testosterona. El simple hecho de regresar a casa y encontrarse con una mujer que está agradecida por su apoyo ayuda a un hombre a relajarse y a recuperar su energía.

Aquí les presento un escenario ideal:

–Me da gusto que llegaras a casa a buena hora —Bessy besa a su esposo mientras él cuelga el abrigo—. Has estado trabajando tanto.

—Hola, amor, estoy acabado.

—Los martes siempre son difíciles. ¿Por qué no te relajas mientras recaliento la sopa casera que trajiste ayer que llegaste tarde? También voy a preparar una ensalada.

—Suena maravilloso. Sólo quiero ver los resultados en ESPN.

—Toma tu tiempo. Sólo dime cuando quieras comer. Dejaré la sopa calentándose y la ensalada en el refrigerador.

—Está bien —Ted se afloja la corbata.

—Creo que voy a ver la cinta de yoga que me prestó Sally. Trae una secuencia de relajamiento rápido que podría caerme bien.

—Me da gusto que te tomes tiempo para ti. Eres la mejor.

En este escenario ideal, Bessy deja que Ted entre en su cueva, muestra su aprecio por las cosas, grandes y pequeñas, que hace él y logra incluir una actividad generadora de oxitocina para su beneficio.

Los hombres y las compras

La necesidad que tienen los hombres de contar con espacio y la necesidad que tienen las mujeres de tiempo pueden verse claramente en la manera tan distinta en la que realizamos las compras. Éstas, en particular cuando se trata de zapatos y accesorios, suelen reducir los niveles de estrés de una mujer. Fíjate en el clóset de una mujer y verás filas y filas de zapatos en toda una variedad de colores para cada estación, estado de ánimo o conjunto de ropa. Los colores de los zapatos de él son únicamente para esta temporada y en tonos negro y café.

Observa a un hombre que va de compras con su esposa en un centro comercial. Es como si lo fueran jalando con la esperanza de que esa situación pronto termine, buscando una banca para sentarse mientras su pareja, feliz, sonriente, sigue caminando, mirando de izquierda a derecha, viéndolo todo, explorando las nuevas modas y descubriendo lo más novedoso con lo que podría decorar su casa o regalarle a sus hijos, a un familiar o a un amigo. Todas estas actividades generan la producción de oxitocina. Aunque esto reduce los niveles de estrés de ella, no sirve de nada en cuanto a los de él. Y a menos de que se encuentre con un Starbucks o una tienda de lencería de Victoria's Secret, lo más seguro es que caiga muerto de aburrimiento.

> *Los hombres que van de compras con sus parejas pueden sentirse tan agotados como si hubieran estado perdidos en el desierto.*

Los hombres también van de compras y les gusta. Los hombres pueden obsesionarse con los carros, aparatos electrónicos y artefactos. La diferencia es que los hombres compran de tal forma que puedan generar testosterona. Un hombre necesita un destino u objetivo claro. Saber a dónde va y a qué va es muy importante para él. Quiere entrar y salir lo más rápido posible. Se trata de un hombre en una misión.

A veces, los hombres lidian con el estrés saliendo a pasear y gastando dinero. Esto aumenta la testosterona porque la habilidad para gastar dinero en muchas ocasiones es una señal de capacidad y de poder. Una mujer se beneficia de otra manera. Ella puede usar las compras para lidiar con el estrés porque es una actividad en la que se requiere atención y cuidado. Siempre y cuando ella tenga tiempo para comprar, se estará cuidando a sí misma y esto puede generar tanta oxitocina como cuidar a los otros. Al tomarse el tiempo para ir de compras deja, poco a poco, de pensar en los demás y voltea a ver sus deseos y necesidades.

Las mujeres son, sin duda alguna, los mayores consumidores, son responsables de setenta por ciento de las compras. Les gusta ahorrar dinero, pero también les gusta gastarlo. Algunas mujeres se ofenden cuando les menciono que las compras son un importante elemento para enfrentar el estrés. Incluso para estas mujeres, ir de compras suele ser una gran terapia generadora de oxitocina. Para que salir de compras se convierta en una actividad que logre reducir el estrés, es necesario que se tomen suficiente tiempo y que lo hagan con una amiga que tenga más experiencia y a la que realmente le encante hacerlo.

Dado que las mujeres están hechas para cuidar de los otros, pueden tener problemas para pensar en sus propias necesidades. Sin embargo, la estimulación visual de tantas cosas que se pueden comprar puede aumentar su deseo de tener más y ayudarla a sentir que sus necesidades son la prioridad.

Para que salir de compras se convierta en una actividad que logre reducir el estrés en las mujeres, es necesario que se tomen suficiente tiempo y lo hagan con una amiga que tenga más experiencia y a la que realmente le encante hacerlo.

No encontrar lo que busca no es algo que le cause estrés a una mujer porque así tiene otra razón para salir de compras otra vez. Cuando un hombre sale de compras, anda de caza. Quiere entrar y salir. Cuando una mujer va de compras es una situación de tiro al blanco. Sencillamente se trata de conseguir lo que hay disponible. Siempre puede regresar después a comprar algo en barata o cuando sea la temporada adecuada. Incluso nuestros hábitos para comprar reflejan las funciones prehistóricas que desempeñábamos como cazadores y recolectores.

Entre más entendamos nuestras diferencias, más fácil será que los hombres y las mujeres nos llevemos bien y disminuyamos las fricciones entre nosotros. En lugar de esperar que nuestros compañeros piensen como nosotros, podemos pensar en lo que es mejor para ellos. Éste es un proceso que nunca termina.

Muchas personas me preguntan si entiendo a las mujeres por completo y tengo que ser honesto y decir que es un proceso constante de descubrimiento. Nadie lo hace todo bien todo el tiempo. Cuando tratamos de respetar a nuestros compañeros como se merecen, nuestras vidas tienen sentido y significado. En última instancia, ningún sacrificio es demasiado grande si sabemos en nuestro corazón que es lo correcto.

7 Anatomía de una pelea

La principal razón por la que pelean las parejas es que están lidiando con demasiado estrés. Cuando nuestro cuerpo y nuestra mente están estresados, nos tornamos volátiles. No se necesita mucho para hacernos perder el control. Nos enfurecemos y entramos en un estado de "pelea o huye" en el que predomina la liberación de adrenalina e hidrocortisona en nuestro cuerpo. Si no comprendemos las diferencias en las reacciones al estrés entre Marte y Venus, estaremos en camino a una colisión.

La forma tan distinta en la que lidiamos con el estrés contribuye e intensificar la situación. Cuando se está generando una discusión acalorada, las mujeres tienden a explicar sus pensamientos, sentimientos y reacciones con un amplio rango de tonos emocionales. Los hombres se apresuran a resolver el problema, expresando las soluciones de manera tranquila y distante. Las mujeres están programadas para hacer preguntas y para hablar, los hombres para la acción. Es fácil que ella suene demasiado emocional, poco razonable y exigente, pero él puede dar la impresión de ser arrogante, enjuiciador y de no preocuparse por ella.

> *Las mujeres están programadas para hacer preguntas y para hablar, los hombres para la acción.*

Estas reacciones naturales funcionan con los miembros de nuestro mismo sexo, pero pueden resultar una provocación directa al sexo opuesto cuando estamos en desacuerdo. En lugar de ser amables y considerados, liberamos nuestras frustraciones acerca de otros asuntos señalando los errores con impaciencia, disgusto o intolerancia. En este capítulo, exploraremos las razones por las que peleamos y la dinámica por la que una discusión se convierte en una batalla explosiva.

Sobre qué peleamos

Es común que las parejas no estén de acuerdo, que discutan o se peleen por cuestiones de dinero, horarios, responsabilidades domésticas, las labores de ser padres y el sexo. En cada caso, después de un rato de estar discutiendo, acabamos peleando por la manera en la que estamos peleando. Es justo en esta situación en donde está el peligro. En lugar de mantenernos en el tema de la discusión, convertimos a nuestros compañeros en el problema que tiene que resolverse. Nos alejamos del tema de discusión y nos enfrentamos a nuestros compañeros por la forma en la que están comunicando el tema del desacuerdo.

No desviarse del tema es una de las maneras más importantes para evitar pelear y para resolver conflictos.

Cuando peleamos, nos olvidamos del problema. Los hombres y las mujeres hacen esto de diferente manera. Un hombre tiende a fijarse en la reacción emocional de la mujer al problema y lo convierte en el problema. Una mujer hace que la reacción de su compañero a sus sentimientos sea el problema. Cuando una mujer está estresada, sus emociones están más cerca de la superficie. Cualquier desacuerdo puede generar una intensa respuesta emocional. Su compañero piensa que su reacción es excesiva y que se está alterando con demasiada facilidad. Y esa reacción sólo sirve para intensificar el enojo de su compañera. En un instante, ya se alejaron del tema y se dirigen a una batalla.

Desde la distancia, esta dinámica es evidente, pero cuando somos nosotros los involucrados, no nos damos cuenta de lo que está sucediendo. Si no estás consciente de esta dinámica, romper con el patrón es como tratar de salir de un pantano. Entre más te esfuerces, peor se pone la situación; como lo demuestra el ejemplo siguiente:

Alexis y Richard están leyendo el periódico durante el desayuno un sábado por la mañana. Alexis tiene pensado ir a la oficina para acabar con el trabajo que tiene pendiente.

—Mira este nuevo diseño de un carro híbrido —dice Richard, levantando el periódico para que ella pueda verlo.

—¿Estás pensando en comprar un auto nuevo? —le pregunta ella, con cierto tono de ansiedad que Richard logra captar.

—A lo mejor —le contesta—. Éste parece una buena compra.

Ella se le queda viendo con la mirada en blanco durante un momento y, con un tono más que dulce, le dice:

—¿Qué tiene de malo tu carro?

—Quiero algo nuevo —dice él mordiendo su croissant.

—Creo que no estoy de acuerdo —ella niega con su cabeza y hace un gesto—. No hemos ahorrado dinero este año.

—No te preocupes por eso.

—¿Qué quieres decir con que no me preocupe? —Alexis está molesta y hace un gesto emocional que resulta insultante a Richard—. Alguien tiene que pensar en nuestra jubilación.

En este momento, ya se desviaron del tema principal. Él ya hizo el comentario marciano de "No te preocupes por eso" y ella ya está molesta. Ella siente que él acaba de descalificarla, como si su opinión no importara. Su comentario emotivo indica que a él no le importa la jubilación ni ver por la familia. Se dirigen directo a una pelea.

—Trabajo muy duro —dice Richard—. Y merezco un auto nuevo.

—Pero también tenemos que pensar en ahorrar dinero —ella está lista para

145

el ataque, alejándose del problema y concentrándose en él—. No puedo creer que seas tan necio.

–No soy necio —contesta él, como lo hacen en Marte—. Eres tú la que está haciendo un gran alboroto por nada.

–Claro que no. Tú sólo piensas en ti —critica Alexis con más dureza.

La pelea sólo va a ir en aumento. Entre más hablen, más tiempo tardarán en reconciliarse. Todo esto puede impedirse si aprendemos algunas técnicas para mejorar nuestra comunicación. Los hombres tienen que evitar hacer comentarios que corrijan los sentimientos de la mujer, y las mujeres tienen que evitar hacer comentarios desaprobatorios sobre los pensamientos y comportamientos de un hombre.

> *Los hombres tienen que evitar hacer comentarios que corrijan los sentimientos de la mujer, y las mujeres tienen que evitar hacer comentarios desaprobatorios sobre los pensamientos y comportamientos de un hombre.*

Por qué las discusiones suben de tono

La razón más común por la que los argumentos de cada quien suben de tono es que un hombre, de manera inconsciente, invalida los sentimientos de una mujer y ella le contesta de manera desaprobatoria. Sí él no se toma el tiempo para validar sus sentimientos, ella asume que es algo que a él no le interesa. Entonces, ella se pone a la ofensiva, deja de confiar en él, y él se pone más a la defensiva. En lugar de acercarse, se alejan. Esta dinámica se intensifica cuando estamos cansados y agotados. El estrés nos predispone a ser hipersensibles y a ponernos a la defensiva.

Nuestro tono de voz tiene más importancia que las palabras que usamos. Cuando un hombre discute, se concentra más en tener la razón y ofrecer soluciones, lo que puede dar la impresión de alejamiento o distancia, como si no le importara. La mayoría del tiempo en verdad se preocupa por los deseos y necesidades de su compañera, pero este tono distante no comunica su preocupación. Si toma las cosas con más calma y escucha lo que ella opina, el conflicto puede casi desaparecer.

Cuando una mujer discute, se concentra en compartir sentimientos y hacer preguntas. El tono de voz de una mujer empieza a sonar desconfiado, desconsiderado y muy crítico. Casi todo el tiempo confía en los intentos por ayudar de su pareja, pero no es así como a él le suena lo que está diciendo. Si ella se toma el tiempo para templar sus sentimientos apreciando las cosas que él dice y hace, esta explosiva reacción en cadena puede detenerse.

> *Durante las discusiones, los hombres tienen que hacer más preguntas, y las mujeres tienen que hablar menos de sus sentimientos.*

Veamos cómo Alexis y Richard podrían haber controlado su discusión:

—Mira este nuevo diseño de un carro híbrido —dice Richard, levantando el periódico para que ella pueda verlo.

—¿Estás pensando en comprar un auto nuevo? —le pregunta ella, con tono de cautela.

—A lo mejor —le contesta él—. Éste parece una buena compra.

—¿Qué tiene de malo tu carro? —Alexis empieza a alterarse.

—Quiero algo nuevo.

—Creo que no estoy de acuerdo. No hemos ahorrado dinero este año.

—Lo sé —Richard acepta su preocupación—. Podríamos sentarnos a hacer cuentas. Ahora nos darían un buen precio por el carro viejo. Y el híbrido nos ayudaría a ahorrar gasolina.

—Eso es cierto. Tendríamos que ver el precio —concede ella—. Ojalá podamos pagarlo y también ahorrar dinero.

—Estoy totalmente de acuerdo con lo que dices —expresa él—. Pero trabajo duro y me encantaría tener un auto nuevo.

—Estoy consciente de todo lo que trabajas y te lo mereces —ella realmente quiere que él sea feliz—. ¿Por qué no haces hoy un cálculo de los números si puedes y luego me los muestras?

La discusión no pasa a mayores porque Richard respeta lo que dice Alexis y toma en consideración sus preocupaciones. Ella reconoce todo el trabajo que él hace y su naturaleza generosa sale a la superficie.

Aunque los hombres deben evitar decirles a las mujeres cómo deberían sentirse, las mujeres no deben dejar que las discusiones se hagan más grandes hablando de más de sus sentimientos. Hacerlo sólo tendrá como resultado que ella se sienta subestimada. En lugar de hablar sobre cómo se siente, ella debe concentrarse en el problema.

Este consejo difiere de lo que por lo general se les enseña a las personas. En las terapias, se motiva a las mujeres para que hablen y exploren sus sentimientos, lo que puede ser muy útil para adquirir conciencia y subir los niveles de oxitocina. Pero la exploración de sentimientos no sirve en las discusiones. Las relaciones no son una terapia. Hablar sobre los sentimientos durante una discusión es como echarle gasolina al fuego.

> *En las terapias se nos motiva a compartir nuestros sentimientos, pero en una pelea esto sólo empeora la situación.*

Casi todos los expertos, libros, cursos y seminarios sobre las relaciones motivan a las parejas a hablar sobre sus sentimientos. Este tipo de asesoría está ampliamente malentendida. Hablar sobre "sentimientos positivos" usualmente resulta productivo. Hablar sobre los sentimientos negativos puede no ser un problema cuando nos sentimos apoyados, pero es raro que en un momento de conflicto los miembros de una pareja sientan que se confía en ellos, se les aprecia, cuida o se les comprende. Una de las principales causas de las peleas es hablar sobre nuestros sentimientos negativos.

> *Las discusiones se convierten en peleas cuando empezamos a hablar de nuestros sentimientos negativos.*

Casi al instante el conflicto se transforma de un problema por resolver a un contraataque. En el momento en el que empezamos a señalarnos como el problema en sí, ya no podemos enfrentar juntos el asunto original. En esos momentos de gran sensibilidad, la mujer necesita recibir mensajes claros que indiquen que a él sí le preocupa su punto de vista, y el hombre necesita saber que ella está dispuesta a recibir su ayuda. En el capítulo 8 propongo una técnica para enfrentar un argumento eliminando su contenido emocional. En el capítulo 9 les presento un ritual que con toda facilidad los hombres pueden incorporar en sus vidas para permitir que una mujer hable de manera abierta y con confianza de sus sentimientos pero fuera de una situación cargada de conflictos.

Todos necesitamos que nos den seguridad

Solemos pensar que nuestros compañeros siempre están conscientes de que son importantes para nosotros y que los apreciamos, pero esto peca de inocencia. Así como una planta necesita más agua en un día caluroso, las parejas tienen que darse más confianza y apoyo emocional durante un momento estresante. Es difícil para una mujer permanecer abierta y receptiva cuando ella siente que a su compañero no le importa lo que ella opina. Ella sigue hablando porque así es como está programada. Es difícil para un hombre dar apoyo y ser considerado cuando él cree que se le está tachando como el malo de la película justo cuando lo que quiere es resolver el problema o estar solo para reordenar sus ideas. Ella quiere saber que su opinión es importante y él quiere sentirse como el tipo bueno de la película.

Una discusión puede convertirse en un desacuerdo cuando tratamos de convencer a nuestro compañero de nuestro punto de vista. Lo que convierte este desacuerdo en una pelea es que nos olvidamos de la necesidad de nuestro compañero de que su opinión sea escuchada y respetada.

Nos peleamos porque estamos demasiado concentrados en demostrar los méritos de nuestro punto de vista y pasamos por alto la necesidad de nuestros compañeros de ser escuchados y apreciados.

El hombre, con una clara orientación a la testosterona, se apresura a resolver el problema mientras las mujeres sienten que no las están escuchando. Las mujeres tienden a hablar más del problema y no piden directamente lo que quieren ni sugieren una solución.

La mejor manera de quitarle importancia a las peleas es tomarnos más tiempo para comunicarle a nuestros compañeros no sólo que entendemos su punto de vista sino que también apreciamos su valor. La mujer, en particular, necesita que él reconozca y *comprenda* lo que ella está diciendo, así como la validez de su opinión. Los hombres necesitan saber que ella reconoce y *aprecia el mérito* de lo que él está diciendo.

> *Para evitar las peleas, hay que tomarse tiempo para mostrar que comprendemos la perspectiva de nuestro compañero.*

Él está más preocupado por tener la razón y a ella le importa más obtener lo que quiere. A veces es difícil para una mujer expresar sus necesidades. Cuando lo hacen, las mujeres no suelen hacerlo con mucho tacto o delicadeza. Y señalarles esto sólo empeora las cosas.

Cuando un hombre está exponiendo un razonamiento, señalar sus debilidades sólo hace que se ponga a la defensiva. Si ella puede tomarse el tiempo para reconocer que lo que él dice tiene sentido, entonces él estará más dispuesto a negociar.

Por ejemplo, ella podría decirle: "Eso lo entiendo, ¿lo que estás diciendo es que...?", o él podría decir: "Creo que entiendo. ¿Estás diciendo que...?". Dedicar un momento a reflexionar sobre lo que dice una persona es algo que con facilidad se pasa por alto en las discusiones y es una de las mejores maneras de garantizar que las dos personas obtendrán lo que quieren.

Los desacuerdos en una relación amorosa no son un debate sobre quién tiene la razón y quién está equivocado. Un argumento no implica el juicio de si uno es bueno y el otro malo. No se trata de una competencia para que uno pierda y otro gane.

> *Las discusiones pueden resolverse cuando no se convierten en debates, juicios o competencias.*

Cuando tenemos diferentes puntos de vista o necesidades opuestas, una discusión puede parecer más que nada un debate, un juicio o una competencia; esto no es productivo. Tenemos que estar siempre del mismo lado. Puede ser difícil recordar que hay que hacer esto, especialmente si nuestro nivel de estrés es muy alto.

> *La negociación en un conflicto no sólo requiere amor sino flexibilidad.*

Cuando las parejas tienen puntos de vista opuestos, la mejor manera de llegar a una solución es siguiendo estos tres pasos:

1. Dedica un momento a comunicarle a tu pareja que entiendes su punto de vista.
2. Calcula qué tan importante es esta batalla, en particular para ti y para tu compañero. Si el asunto no tiene tanta importancia para ti como para tu compañero, ten la disposición de resolverlo. Hay que saber ceder a las necesidades del compañero cuando el asunto es más importante para el otro que para uno.
3. Se necesita llegar a un acuerdo si ambos no pueden conseguir lo que quieren.

Catorce errores comunes que cometen las mujeres durante una pelea

Tomar en cuenta nuestra participación a la hora de participar en una discusión puede neutralizar muchas de nuestras emociones negativas y hacer que nuestra disposición para llegar a un acuerdo sea mayor. Las mujeres pueden reconocer sus aportaciones a un conflicto si se fijan en la siguiente lista de errores comunes. Estas reflexiones están planteadas para ayudar a las muje-

151

res a darse cuenta de que no son las únicas que no están consiguiendo lo que quieren o lo que se merecen. Las reacciones defensivas del hombre tendrán más sentido cuando las mujeres reconozcan cómo contribuyen ellas a generar una pelea.

1. *Subir el volumen de voz con fuertes tonos emocionales*: acusador, quejumbroso, burlón, sarcástico. Trata de no responder de manera exageradamente emocional.

2. *Usar preguntas retóricas como: "¿Cómo puedes decir eso?"*, en lugar de expresar directamente lo que te gusta o aceptas. Por ejemplo: "Entiendo y estoy de acuerdo que..., pero...".

3. *Interpretar lo que él dice desviando el problema a tus sentimientos*: "Me da coraje que tú...". En medio de una discusión siempre es mejor volver a expresar lo que él está diciendo: "Quieres decir que...".

4. *Formular quejas generalizadas en lugar de ser específica*: "Siempre estás viendo televisión" o "Nunca pasamos tiempo juntos". La mujer debe enunciar sus necesidades diciendo algo como: "Me encantaría que hiciéramos algo juntos", "Vamos a dar un paseo al centro" u "Organicemos una cita para salir esta semana".

5. *Concentrarse en las quejas en lugar de pedir lo que quiere*: sería mejor hacer del hombre la solución en lugar de convertirlo en el problema: "Realmente me gustaría que..." o "Podrías, por favor...", en lugar de "No me gusta cuando...".

6. *Esperar que él responda como una mujer y no como un hombre*: "Estás hablando con la cabeza", "¿Por qué no puedes hablar desde el corazón?" o "¿Por qué no confías más en mí". Este tipo de comentarios críticos ignora las diferencias más básicas entre Marte y Venus. Reconocer nuestras diferencias resulta más productivo: "Entiendo que te sea difícil hablar de esto..." o "Sé que quieres resolver el problema...".

7. *Compararlo con otro hombre o como era en el pasado*: "Solías ser más cariñoso..." o "Ningún otro con el que salí hacía eso...". Por el contrario, debes apreciar lo que él hace: "Me encanta cuando...".

8. *Iniciar una pelea para expresar sentimientos que se han ido acumulando*: "Nunca ayudas", o "Siempre dejas los platos sucios en el fregadero...". En el capítulo 9 verás cómo planear una conversación entre Marte y Venus cuando te sientas frustrada.

9. *No dejar de hablar sin darle a tu compañero la oportunidad de expresar su punto de vista.* Es una muestra clara de un comportamiento venusino totalmente fuera de control.

10. *Esperar que tu compañero te haga sentir bien en lugar de asumir la responsabilidad de sentirte bien por ti misma*: "Bueno, eso no me hace sentir mejor". Por el contrario, tu impulso debe ser el de comprenderte a ti misma: "Creo que voy a hacer algo de ejercicio para relajarme...".

11. *Expresar resistencia con tus sentimientos*: "Me siento como tú..." o "Me haces sentir como...". Una mejor respuesta es pensar en lo que él acaba de decir: "Entonces, lo que dices es que...".

12. *Traer a colación asuntos ya viejos para respaldar tu punto*: "Así es exactamente como me sentí cuando...". No contamines la discusión usando tu memoria emocional como un martillo.

13. *No estar dispuesta a perdonar hasta que él cambie, se disculpe o sufra lo suficiente.* La comprensión de las necesidades de tu pareja debe ayudarte a ser generosa con tu amor. Esperar que tu compañero cambie antes de abrir tu corazón sólo hace más difícil que tu pareja haga un cambio positivo. Abrir tu corazón y luego pedir lo que quieres es más efectivo que esperar de manera pasiva a que tu compañero cambie.

14. *Exigir en lugar de expresar preferencias.* "Debes hacerlo de esta manera" o "No deberías hacerlo así". Sería mejor que dijeras lo mismo pero en modo de preferencia: "Me gustaría que lo hicieras de esta manera" o "Es mejor para mí de esta forma. ¿Podrías hacerlo así?".

No tienes que esperar a tener una pelea para reflexionar sobre esta lista. Una manera de evitar peleas es encontrar un momento en que te sientas bien para leer la lista y calificarte. Averigua cuántos errores comunes cometes e imagina una pelea pero sin cometerlos. Este tipo de dramatización mental es muy poderosa. Los músicos y atletas usan la dramatización mental para entrenar a su inconsciente de tal forma que actúen y reaccionen de cierta manera en particular.

Esta lista es útil tanto para hombres como para mujeres. Antes de pensar en los errores que los hombres cometen cuando pelean, les será útil leer la lista de errores comunes que cometen las mujeres cuando discuten. Es más fácil para los hombres aceptar la responsabilidad de sus errores cuando entienden lo que sucede en el exterior. Así funciona su cerebro.

Tiene la misma importancia para las mujeres conocer qué errores se cometen en Marte durante las peleas. Estar conscientes de la forma en la que pelean los hombres ayuda a una mujer a validar sus sentimientos y a recordar que se trata de errores comunes en Marte. Así, una mujer no tiene que tomarse de manera tan personal el comportamiento de su compañero.

Los hombres pueden enfrentar con toda facilidad sus sentimientos si pueden hacer una imagen mental clara de lo que sí funciona y de lo que funcionará. La lista de errores comunes que cometen los hombres cuando pelean les ayudará a reflexionar en lo que realmente consiguen o en cómo se pudo haber hecho las cosas de otra manera.

Catorce errores comunes que cometen los hombres durante una pelea

1. *Subir el volumen de la voz y usar un tono frío, seco o distante.* Debido a que las voces de los hombres son más profundas que las de las mujeres, cuando están enojados su voz puede sonar amenazante o agobiante. Los hombres están tan preocupados por tener la razón que no se dan cuenta de que desde el punto de vista de ella pueden sonar desinteresados. La mujer tiende a considerar este tono desinteresado de manera personal como si él no se preocupa por ella.

2. *Hacer comentarios condescendientes,* como: "No te preocupes por eso" o "Estás haciendo mucho alboroto por nada". Por el contrario, acepta sus sentimientos: "Veo que esto te preocupa...".

3. *Interrumpirla con argumentos que invaliden sus sentimientos o para*

corregir sus observaciones: "No deberías sentirte así" o "Pero eso no es lo que sucedió". Piensa en lo que ella expresó, y dile: "Entiendo que pienses eso...".

4. *Justificar tu comportamiento diciendo que su interpretación es incorrecta*: "Pero eso no es lo que quise decir" o "Tienes la idea equivocada". Mejor replantéalo: "Déjame decirlo de otra manera...".

5. *Criticarla o subestimarla aclarando lo que estás diciendo*: "Ése no es el punto", o "¿Qué no te das cuenta...?" o "¿No es evidente que...?". Puede ser más útil decirlo así: "Lo que quiero decir es que...".

6. *Expresar frustración con la discusión*: "¿Por qué tenemos que repetir esto una y otra vez?" o "Yo ya dije que...". Cuando podrías decir: "Entiendo que necesitas asimilar lo que te estoy diciendo" y luego sugiere un receso.

7. *Ofrecer soluciones en lugar de hacer más preguntas*: "Deberías hacer esto..." o "Todo lo que tienes que hacer es...". Mejor pregunta: "¿Qué crees que debamos hacer ahora?".

8. *Corregir sus prioridades en lugar de respaldar sus valores*: "No necesitas..." o "No es importante que...". Una mejor opción es: "Veo por qué esto es importante para ti".

9. *Subestimar sus sentimientos en lugar de permanecer callado y sólo escuchar*: "No deberías de alterarte tanto" o "Esto no tiene por qué convertirse en la gran cosa". No te das cuenta de que eres tú el que está haciendo una gran cosa del hecho de que ella lo convierta en una gran cosa. Sólo acepta sus sentimientos: "Veo lo molesta que estás...".

10. *Descartar sus sentimientos para tratar de terminar con la conversación*: "Ya entendí, quieres que..." o "Está bien, ya entendí. ¿No podemos olvidarlo?". Mejor di: "Creo que entiendo. Lo que estás diciendo es que... ¿Es así?".

11. *Tener la última palabra*. No importa lo que ella diga, tú siempre concluyes: "Está bien, entonces hay que hacer las cosas como tu dices". Resulta más productivo decirle lo que ella mismo dijo: "Entiendo que quieres que...".

12. *Ojo por ojo.* Cuando ella se queja, tú te quejas aún más de ella, con una actitud que indica que ella es la que se queja: "Es verdad, pero..." o "Eso no es nada, recuerda cuando...". Mejor valida lo que ella está diciendo: "En este caso, entiendo por qué estás molesta".

13. *Darte por vencido con una actitud de que ella no está siendo razonable, que está exigiendo demasiado o simplemente que ella es la mala del cuento.* "Está bien, lo haré a tu modo" o "Bueno, lo haremos nuevamente como tú dices". Si ya llegaron a una solución lo mejor es aceptarla: "Estoy de acuerdo en que...".

14. *Amenazar en lugar de expresar preferencias.* "Quizá es mejor que pensemos en el divorcio si te vas a comportar así". Lo mejor sería expresar una preferencia: "Esto es realmente importante para mí. Me gustaría...".

Aunque éstos son los errores más comunes que cometen los hombres durante las conversaciones acaloradas o las peleas, también pueden acudir a las tácticas que usan las mujeres. El hombre tiene la tendencia de querer apagar el fuego con fuego. Lo que él piensa es: "Si tú me haces esto, entonces yo te haré esto...".

En todas las relaciones hay baches, especialmente cuando tratamos de conciliar todas las exigencias de nuestra vida. Tenemos tantas cosas que hacer en aspectos tan distintos que puede ser difícil mantener la sincronía con nuestros compañeros. Como has visto en este capítulo, pequeños desacuerdos y desilusiones pueden desencadenar toda una batalla campal cuando olvidamos que nuestras diferencias se reflejan en la manera en la que nos comportamos. El estrés sólo hace que nuestras diferencias sean más marcadas y reduce nuestro nivel de tolerancia a cero: el escenario perfecto para una tormentosa pelea.

Ya conoces la anatomía de una pelea: por qué peleamos y sobre qué peleamos en realidad. Ahora, veamos las técnicas que podemos usar para dejar de pelear y para reconciliarnos.

Cómo pueden los hombres evitar las peleas

Una de las maneras más sencillas para que los hombres eviten las peleas es no hacer comentarios que subestimen los sentimientos de una mujer. Esto puede ser difícil al principio porque los hombres no se dan cuenta de que lo están haciendo; por lo general, las palabras que ofenden a las mujeres, no los ofenden a ellos. Si una pareja se esfuerza por evitar una pelea, aunque terminen en una, su discusión es menos dolorosa y la reconciliación es más fácil.

Las peleas en Marte

LO QUE ÉL DICE PARA EMPEORAR LAS COSAS:	LO QUE ÉL PUEDE DECIR PARA ARREGLAR LAS COSAS:
"Esto no tiene sentido."	"Está bien, déjame ver si te entiendo. ¿Estás diciendo que te sientes...?"
"Te estás alterando por nada."	"Sé que esto te está molestando. ¿Estás diciendo que...?"
"Estás sacando todo fuera de proporción."	"Déjame ver si entiendo correctamente. Te sientes..."
"Pero esto es ridículo."	"Esto puede ser algo confuso. ¿Estás diciendo que...?"
"Eso no fue lo que dije."	"Entonces lo que escuchaste que dije fue que..."
"Pero eso no es lo que quise decir."	"Déjame entender bien primero. ¿Tú me escuchaste decir que...?"
"No tiene por qué ser tan difícil."	"Creo que entiendo. Estás diciendo que... quieres que..."
"Esto no es para nada racional."	"Deja que me tome un momento para entender lo que quieres. Te sientes... y mereces..."
"¿Por qué tenemos que pasar por esto?"	"Creo que ya hemos pasado por esto. Deja ver si entiendo cómo te sientes. Tú..."
"No entiendes nada."	"Déjame decirlo de otra manera. Lo que quiero decir es que..."

157

En lugar de hacer comentarios descalificándolo todo, el hombre debe tomarse más tiempo para expresar lo que su compañera está diciendo con el fin de aclarar su propia comprensión y para transmitirle a ella que escuchó su opinión. No dejar que las cosas suban de tono también puede reducir la tensión que se está acumulando. Su objetivo no está en enfocarse en evitar hacer comentarios hirientes, sino en comunicar que ha comprendido. Esto reducirá la tensión de ambos.

La labor del hombre es escuchar y comunicar lo que ha escuchado.

Los hombres se sienten frustrados porque piensan que casi todo lo que hablan es una pérdida de tiempo. La creencia de que no están resolviendo el problema es frustrante y produce tensión, lo que aumenta su impaciencia y molestia. El hombre está programado para resolver problemas de manera eficaz. Ahora, con este nuevo entendimiento de lo que la mujer necesita, él puede hablar de tal manera que le ayude a resolver el problema y reducir la tensión. Si él entiende que ella tiene necesidades distintas, sentirá que ha logrado algo y que no está perdiendo su tiempo. En lugar de que sus niveles de testosterona se vayan para abajo, subirán.

A las mujeres les encanta escuchar de los hombres lo que ellas acaban de decir.

A las mujeres les gusta escuchar que su pareja entiende sus sentimientos, deseos, anhelos y necesidades. Esta técnica puede parecerle tediosa a un hombre, pero las mujeres la aprecian. Cada vez que un hombre usa esta técnica de comunicación, ella siente que es comprendida, él se siente exitoso, y todo esto, por supuesto, reduce el estrés ya que aumenta los niveles de oxitocina de ella y los de testosterona de él.

Cómo pueden las mujeres evitar las peleas

Una de las maneras más fáciles en las que las mujeres pueden evitar las peleas es hablar con una amiga en lugar de con su pareja cuando algo la está molestando. Esto le da tiempo a la mujer para ordenar sus sentimientos, liberarse de la negatividad y aumentar sus niveles de oxitocina. En ese momento, ella está más preparada para pedir o negociar lo que quiere de una manera más considerada.

Si una mujer está estresada, necesita hablar y ordenar sus sentimientos antes de que sea capaz de escuchar el punto de vista de su compañero. Después de hablarlo con una amiga, quizá después de considerar diversas perspectivas, entonces puede llegar a acuerdos justos. Con una mejor comprensión de sus propias necesidades, ella está más capacitada para ceder ante las necesidades de él. Si están estresadas, las mujeres tienden a tomar una actitud de todo o nada, terminando por entregarlo todo o exigir demasiado. Una vez que una mujer siente que ha sido escuchada, tiene mayor capacidad para hallar una solución equilibrada de ganar/ganar al conflicto en potencia.

> *Las mujeres pueden agudizar una pelea si hacen demasiadas preguntas o si hablan demasiado sobre sus sentimientos.*

Sus preguntas tienden a implicar que de alguna forma él es inadecuado, y hablar sobre sus sentimientos sólo los aleja del tema.

En lugar de hacer más preguntas, la mujer debe tomarse un momento para repetir lo que ella está escuchando con sus propias palabras. Si su comprensión es incorrecta o incompleta, él puede darle más información. A un hombre le gusta escuchar a una mujer que exponga sus ideas con un giro ligeramente diferente. A él le da gusto que lo que dice tiene sentido o que su argumento es legítimo o correcto.

Hacer un esfuerzo por pelear de manera justa no evitará todas las peleas, pero si el desacuerdo se queda bajo control es más fácil la reconciliación. La siguiente tabla muestra ejemplos de cómo las mujeres se alejan de un tema al hablar de sus sentimientos, o cómo hacen preguntas retóricas que implican incompetencia o insuficiencia de parte del hombre. La segunda columna es una lista de formas en las que la mujer puede mejorar su comunicación para evitar una pelea.

Las peleas en Venus

LO QUE ELLA DICE PARA EMPEORAR LAS COSAS:	LO QUE ELLA PUEDE DECIR PARA ARREGLAR LAS COSAS:
"Siento como si no me escucharas."	"Déjame empezar de nuevo para decirlo de otra forma."
"Simplemente no entiendes."	"Déjame que trate de explicarlo de otra manera."
"¿Cómo puedes decir eso?"	"Entonces, estás diciendo que... Lo que me gustaría es que..."
"No siento lo mismo."	"Reconozco que tú... Lo que yo estoy diciendo es que..."
"Estás encerrado en tu cabeza. ¿Cómo puedo hablar contigo?"	"Entiendo cuando me dices que... Lo que yo estoy diciendo es que..."
"Tengo la sensación de que no me has escuchado."	"Déjame decirlo de otra forma. Cuando... lo que necesito en esos momentos es..."
"No tengo confianza al hablar contigo..."	"Deja que me tome un tiempo para pensar en lo que acabas de decir y luego podemos hablarlo otra vez."
"¿Cómo puedes decir que...?"	"Estás siendo desagradable. Mejor hablemos después." (Luego aléjate de inmediato.)
"¿Acaso esperas que yo...?" o "¿Por qué debería...?"	"Primero déjame ver si entiendo lo que estás diciendo. Necesitas que..."
"Eso no fue lo que dijiste."	"Ah, eso no fue lo que entendí la primera vez. Entonces, dices que..."

Para eludir una pelea y mejorar la situación una mujer debe evitar hacer cualquier desafío al hombre, como si desconfiara de sus preguntas y comentarios. Por el contrario, ella debe reflexionar de manera positiva en lo que él ha dicho. En lugar de acusarlo de no escuchar cuando ella siente que no la están escuchando, deberá asumir la responsabilidad de expresar sus sentimientos de tal manera que él pueda entenderla mejor.

> *Es mucho más fácil hablar sin culpar cuando recordamos que hablamos distintos idiomas.*

Dado que es diferente el idioma que se habla en Venus que en Marte, ella no debe culparlo porque no entiende. En vez de eso, puede tratar con una sonrisa de volver a comunicar su perspectiva en un lenguaje que él pueda entender. Si sólo pudiéramos recordar que hablamos diferentes idiomas, sería más fácil hablar sin culparnos uno al otro. Si no esperamos la perfección, no estaremos tan desilusionados.

Sentimientos confusos y resolución de problemas

Tener sentimientos confusos e intentar resolver los problemas no funciona a la vez, de hecho sólo empeora las cosas. Es como mezclar aceite y agua: simplemente no combinan. Ésta es una de las principales formas en las que Marte y Venus chocan. Para evitar las peleas, tenemos que respetar esta diferencia entre hombres y mujeres. Tan pronto como veas que la tensión va en aumento, tienes que decidir si vas a hablar de tus sentimientos para sentirte mejor o si vas a guardar tus sentimientos por el momento para concentrarte de manera objetiva en el intercambio de información con el fin de resolver una diferencia y solucionar un problema.

> *Los sentimientos confusos y la resolución de problemas simplemente no funcionan juntos.*

161

Tomarse un tiempo para hablar sobre sus sentimientos reducirá el estrés en la mujer, pero puede elevar el nivel de estrés en el hombre. Concentrarse en la resolución del problema sin acentos emocionales relajará al hombre, pero frustrará a la mujer. Con este nuevo entendimiento en mente, podemos buscar nuevas formas de satisfacer nuestras, a veces conflictivas, necesidades. En vez de mezclar la expresión de los sentimientos y la resolución de problemas, podemos crear dos tipos de conversación: una para resolver el problema y otra para reducir la tensión emocional escuchando los sentimientos pero sin resolver el problema. Aprenderás a usar esta técnica venusina de expresión de las emociones en los dos siguientes capítulos.

8 Cómo dejar de pelearse y lograr la reconciliación

Emily y Roger han estado hablando sobre a dónde ir en sus vacaciones, y esto se ha convertido rápidamente en una discusión.

—Pasamos los últimos tres días de acción de gracias con tu familia —dice Emily con tono de contrariedad—. Es una de mis festividades favoritas. Me gustaría pasarla con mi familia.

—Pero es que tenemos que viajar tan lejos sólo por una comida —él protesta—. Es una pesadilla.

—No está escrito con sangre que tengamos que ir siempre con tu familia a pasar el día de acción de gracias.

—Esto es ridículo. ¿Por qué estás armando tanto alboroto por esto? —le pregunta él.

—¿No podemos cambiar por una vez nuestra rutina? ¿Por qué te pones tan inflexible? —Emily empieza a culpar a Roger.

—¿Cómo puede ser esto tan importante para ti? —él empieza a enojarse—. Es sólo pavo y mi mamá es mejor cocinera.

—¿Cómo puedes decir eso? No lo creo —Emily se siente lastimada y las emociones empiezan a calentarse.

—Es un caos estar con tu familia.

—Por lo menos mis padres nos mantienen a los dos.

–¿Y qué se supone que quieres decir con eso?
–Mejor no empiezo...
–Sabes, creo que lo mejor es que acabemos esta conversación ahora mismo. Voy a leer —Roger sale del cuarto.

Las vacaciones y la familia siempre alteran las emociones: no es de sorprendernos que esta discusión haya explotado tan pronto. Es verdad que Emily está siendo emocional sobre la festividad y que Roger no está cooperando y además no le da importancia. Cuando se le critica, él decide atacar y así lastima a Emily aún más. Su respuesta es tan provocadora que Roger, sabiamente, decide acabar con la pelea.

> *Hay que tomarse un tiempo para evitar las peleas.*

Hablar, en ocasiones, puede ser una solución, pero a veces no es lo mejor. Cuando surge la tensión entre hombres y mujeres, una de las destrezas más importantes es tomarse un tiempo fuera.

Cuando comienza una pelea, los hombres usualmente deciden irse, como Roger. Sus hormonas están diseñadas para huir o pelear. La mujer está diseñada para hablar más cuando está bajo estrés. Cuando la tensión se acumula y se sube el volumen de la voz, lo mejor es posponer esa conversación hasta que los dos hayan podido tranquilizarse y se sientan bien otra vez.

Durante el tiempo fuera, él debe hacer algo que le guste y ella debería hablar con otra persona que no sea su pareja. Esto es muy importante. A veces, cuando los hombres se van, las mujeres los siguen y no dejan de hacer preguntas. Esto sólo empeora las cosas. Un hombre no debe, bajo ninguna circunstancia, contestar estas preguntas. Simplemente debe alejarse. Si tiene algo que decir, sólo debe repetir lo que dijo para proponer el tiempo fuera.

> *Durante el tiempo fuera, una mujer debe buscar a alguien con quien hablar que no sea su pareja.*

Para empezar el tiempo fuera, todo lo que un hombre o una mujer tiene que decir es una oración amable, no incendiaria, dejar de hablar y alejarse, salir del cuarto. La tensión empezará a disiparse de manera automática.

La tabla siguiente muestra algunas cosas que no hay que decir y que sí hay que decir para pedir un tiempo fuera.

Cómo declarar un tiempo fuera

LO QUE NO HAY QUE DECIR:	LO QUE HAY QUE DECIR:
"Te estás poniendo irracional. No puedo hablar contigo."	"Tienes razón en estar molesto. Déjame pensar en lo que dijiste y luego hablamos más al respecto."
"Sólo estoy perdiendo el tiempo. No puedo hablar contigo."	"Lo que dices es importante para mí. Necesito tiempo para pensarlo y luego podemos hablar."
"Ya no soporto esto. Eres tan necio."	"Quiero hablar de esto y necesito tiempo para pensarlo. Hablemos después."
"No escuchas ni una palabra que te digo. Nadie puede hablar contigo."	"Tienes razón. Déjame pensarlo y luego hablamos más."
"Yo ya me voy. No tengo que aguantar esto."	"Entiendo lo que estás diciendo. Necesito tiempo para pensar en una respuesta. Hablemos más tarde."
"Me siento tan lastimada por lo que dijiste. No lo puedo creer. No tengo más que decirte."	"Estás comportándote de manera desagradable. Necesito tiempo para pensarlo y luego podemos hablar."

Una vez que pidas tiempo fuera, si tu compañero te sigue y no deja de hacer preguntas, debes ser fuerte y repetir: "Necesito tiempo para pensarlo y luego podemos hablar".

La mayoría de las mujeres no reconocen la importancia del tiempo fuera, pero después de usarlo unas cuantas veces llegan a apreciarlo. Como no son de Marte, para ellas es difícil saber en qué momento sus sentimientos hacen que el hombre traspase la raya, enfureciéndolo y provocando que se ponga agresivo. Sin embargo, en última instancia, no es su responsabilidad protegerlo. Al pedir tiempo fuera, él la protege del guerrero que posee en su interior y que tiene como única alternativa pelear.

Las hormonas del hombre están diseñadas para huir o pelear.

La mujer debe entender que ella no puede decir todo lo que quiere sin tomar en cuenta los sentimientos del hombre, pero tampoco debe sentirse como si caminara sobre cáscaras de huevo para hablar con él. Si somos honestos, debemos reconocer que tanto los hombres como las mujeres están demasiado dispuestos a dejar a un lado las virtudes de paciencia, flexibilidad y consideración por los sentimientos del otro.

Muchas mujeres no tienen ninguna idea de qué es lo que hace explotar a los hombres. Si él no acepta la responsabilidad de decirle que está llegando al punto de combustión pidiéndole tiempo fuera, ella se acostumbra a su reacción de enojo y puede sentir miedo de hablar de sus necesidades y deseos. Un hombre en realidad le está haciendo la vida más segura a su compañera cuando se toma tiempo fuera en el momento que ya escuchó demasiado o cuando van en la dirección incorrecta.

Un hombre en realidad le está haciendo la vida más segura a la mujer cuando toma un tiempo fuera en el momento que ya escuchó demasiado.

Cuando una mujer pide tiempo fuera

Es más difícil para una mujer tomarse un tiempo fuera porque su naturaleza es la de hablar cuando están estresadas. Hablar casi siempre funciona en Venus, pero no en Marte. En Venus, incluso es contra la ley alejarse en medio de una conversación. Si no entendemos y aceptamos la necesidad de los tiempos fuera, una mujer puede sentirse ofendida y más molesta cuando el hombre decide que quiere tiempo fuera.

Una mujer no reconoce la importancia del tiempo fuera porque sus hormonas la hacen reaccionar muy diferente al hombre cuando está bajo estrés. Para ella, hablar sobre algo y ser escuchada, hacer una conexión, es algo que estimulará sus niveles de oxitocina, lo que reducirá sus niveles de estrés. Lo que ella no entiende es que hablar puede, a veces, intensificar la frustración y el enojo de su pareja. Si él siente que ella está señalando que él está equivocado, puede enojarse y molestarse aún más.

Hablar más es como verter gasolina sobre el fuego de la frustración y el enojo de un hombre.

Cuando una mujer toma tiempo fuera, necesita pensar las cosas y para hacerlo puede hablar con una amiga, terapeuta, asesor de relaciones o un grupo de apoyo para otras mujeres. También puede escribir sus sentimientos en un diario o rezar. De todas estas maneras, ella puede, poco a poco, explorar sus emociones, ordenar sus ideas para identificar sus necesidades y sentimientos positivos. Si cuenta con más sentimientos positivos y una clara conciencia de lo que necesita, está mejor preparada para comunicar su perspectiva y escuchar lo que él le quiere decir. Una pareja debe esperar por lo menos doce horas antes de volver a discutir el mismo asunto.

Tomar tiempo fuera ayuda a la mujer a ordenar sus ideas para identificar sus necesidades y sentimientos positivos.

Una mujer también debe tomarse tiempo fuera para recordar que los hombres son de Marte, y que puede ser que ella esté malinterpretando el comportamiento de él o sus palabras. Durante este tiempo, ella puede reflexionar en cómo puede apreciar o hablar sobre la situación o el conflicto de una forma más positiva. A veces, recordar las buenas cosas puede tranquilizarla. También resulta útil exponer su punto de vista ante ella misma o ante una amiga, de forma más positiva, de tal manera que no rechace la ayuda sino que acepte lo que él ofrece.

> *Los hombres son de Marte, así que ella con toda facilidad podría estar malinterpretando su comportamiento.*

En la mayoría de los casos, una mujer no debe hablar con un familiar durante el tiempo fuera. Hablar con miembros de la familia puede ser contraproducente porque éstos recuerdan todos los sentimientos negativos que pudiste tener temporalmente sobre tu pareja. No conocen tus sentimientos positivos sobre tu compañero el resto del tiempo y no pueden tener una visión equilibrada. Confiar en los miembros de tu familia en tus peores momentos puede abrir una grieta entre ellos y tu compañero.

Lo que una mujer debe tomar en consideración durante el tiempo fuera

A continuación hay una lista de doce cosas sobre las cuales reflexionar antes de volver a comunicarse:

1. ¿De qué lo estoy culpando?
2. ¿Por qué estoy enojada, triste o temerosa?
3. ¿Qué es lo que espero que diga, haga o sienta?
4. ¿Son razonables mis expectativas?
5. ¿Qué es lo que realmente necesito?
6. ¿Qué es lo que él realmente necesita?
7. ¿Cómo me está malinterpretando?
8. ¿Cómo puedo yo estar malinterpretándolo?
9. ¿Qué lamento?
10. ¿En qué confío, qué acepto o aprecio de él?

11. ¿Qué es lo que le perdono?

12 ¿Qué me gustaría que dijera o hiciera?

Cuando un hombre toma tiempo fuera

Si un hombre toma tiempo fuera, primero necesita hacer lo que le haga sentir mejor y luego reflexionar sobre una mejor manera de comunicarse con su pareja. Para él, se trata de un proceso diferente. Él necesita realizar alguna actividad generadora de testosterona que disfrute, como jugar solitario en la computadora, ver un partido o leer un periódico. Cuando se sienta mejor, debe reflexionar sobre lo que estuvieron hablando de tal forma que pueda expresar con claridad sus pensamientos y deseos después de escuchar lo que ella tiene que decirle.

Resulta muy útil para los hombres recordar las palabras exactas que se dijeron y luego reflexionar en lo que no se dijo pero que se debió haber dicho. Primero debe ver de manera crítica lo que ella hizo mal y luego lo que él hizo mal. Este tipo de razonamiento produce que él esté en el proceso de resolución de problemas, lo que siempre hará que un hombre se sienta y se comunique mejor.

Otra cosa que puede hacer es considerar lo que ella necesitaba y cómo pudo ella haberlo dicho para que él se sintiera más apreciado. Esto le ayuda a comprender que no siempre es fácil para su pareja decir las cosas de tal manera que no le molesten. Puede pensar en que él pudo haber empeorado la conversación tratando de arreglar o resolver el problema en lugar de escucharla con atención. Este proceso tiende a suavizar su corazón y a que ya no esté a la defensiva.

Un hombre puede dejar de estar a la defensiva si piensa en cómo se puede tocar el tema desde otra perspectiva.

Lo que un hombre debe tomar en consideración durante el tiempo fuera

A continuación una lista de doce cosas sobre las que un hombre puede reflexionar antes de volver a comunicarse:

1. ¿Qué dijo ella que me molestó?
2. ¿Qué no dijo ella y debió haberlo dicho?
3. ¿Qué era lo que ella trataba de decir?
4. ¿Cómo lo pudo haber dicho de otra manera?
5. ¿Qué es lo que ella necesitaba?
6. ¿Qué es lo que yo necesito?
7. ¿Cómo me está malinterpretando?
8. ¿Cómo puedo estar malinterpretándola?
9. ¿Cuál es el resultado que más nos conviene a los dos?
10. ¿Qué lamento haber hecho y cómo pude haberlo hecho de otra forma?
11. ¿Qué le perdono?
12. ¿Qué me gustaría que dijera o hiciera?

Los hombres pueden ordenar rápidamente sus sentimientos si crean una imagen clara en sus mentes de lo que sucedió pero no funcionó y de lo que sí funcionará.

Hay millones de factores en nuestras vidas que afectan nuestros estados de ánimo y temperamentos. Cuando tu pareja esté molesta o a la defensiva, no importa cuán razonable o legítimo sea tu punto de vista. Nada que digas o hagas servirá. Debes aceptar que durante un cierto periodo ninguno de los dos puede escuchar, comprender o apreciar el punto de vista del otro. En estos momentos no hay nada que puedas hacer más que retirarte e intentarlo más adelante, pero no antes de un descanso de doce horas.

> *Un dicho común en Marte:*
> *cuando viene el tornado, encuentra un agujero y arrójate al suelo.*

Nunca esperes que tu pareja escuche tu punto de vista de manera positiva si la estás presionando. Si no puedes escuchar su punto de vista, no esperes que ella escuche el tuyo. A medida que aumentas tu resistencia, también aumenta la de tu pareja. De esta forma, lo único garantizado es que la resistencia se intensifique.

> *Cuando tú opones resistencia a tu pareja,*
> *su resistencia hacia ti también aumentará.*

Otra regla fundamental de Marte y Venus para evitar las peleas es que primero él tiene que escuchar sus ideas, sentimientos y necesidades antes de que ella pueda escuchar lo que él tiene que decir. Los hombres tienen mayor habilidad para escuchar siempre y cuando consideren que están resolviendo el problema al escuchar en lugar de discutir.

Como todos sabemos, los hombres necesitan arreglar las cosas, las mujeres necesitan hablar. Una vez que ella ha hablado, su manera de arreglar las cosas es comunicarle hasta dejarla satisfecha que él escuchó su punto de vista. Si un hombre reconoce lo importante que es el escuchar para el bienestar de su pareja, estará más dispuesto a hacerlo. Cuando suban sus niveles de oxitocina y el estrés deje de paralizarla, ella es capaz de escuchar lo que él tiene que decir. Cuando los dos se sienten escuchados, se vuelven flexibles y pueden llegar a un acuerdo de lo que se requiere.

Las reglas para evitar peleas

La técnica de Marte y Venus para evitar una acalorada y dolorosa pelea es muy clara: el hombre propone el tiempo fuera, y la mujer lo busca más tarde para planear una hora para platicar. En este caso, él la protege para no lastimarla, insistiendo en el tiempo fuera, y ella los vuelve a juntar con la propuesta de una conversación.

171

> *Él se retira para poder recuperarse,*
> *y ella luego se le acerca con una bandera blanca para hablar.*

Un hombre puede decir para detener una discusión acalorada: "Hablemos primero sobre tus sentimientos, y luego nos concentramos en resolver el problema". Cuando hablen, él sólo debe responder con comentarios positivos como "Dime más". Cuando ella termine, él debe decir algo como: "Déjame pensarlo y luego podemos hablar sobre lo que hay que hacer".

Cualquiera puede proponer un tiempo fuera o hacer una cita para hablar, pero el orden que sugiero es el que más corresponde con nuestras diferencias hormonales y el que más ayudará a reducir el estrés de la situación.

Restaurar la armonía

Ahora que sabes cómo detener una pelea, consideremos cómo se pueden resolver conflictos que llevan al resentimiento y distanciamiento si se deja que se acumulen. Si una mujer no se libera de los malos sentimientos después de una pelea, sus niveles de oxitocina van en picada, y esto sólo generará una espiral hacia abajo en la interacción con su pareja.

Cuando peleamos, hay dos formas de restaurar la armonía: "Venus habla" y "reunión de Marte". "Venus habla" es una oportunidad para que las mujeres comenten sus sentimientos sin tratar de resolver un problema. "Venus habla" permite que una mujer explore sus sentimientos y las razones por las que está molesta. Una "reunión de Marte" es estrictamente para resolver problemas.

Planeando una "reunión de Marte"

Después de que por lo menos hayan pasado doce horas desde la pelea, la pareja puede hablar sobre el tema sin incluir una discusión sobre sentimientos. Una "reunión de Marte" puede ocurrir sin que se dé el "Venus habla", dependiendo de si la mujer necesita o no hablar sobre sus emociones.

En ciertas situaciones, un descanso para que la pareja reflexione por separado sobre lo que sucedió suele ser suficiente. Ahora están listos para concentrarse en la resolución del conflicto durante la "reunión de Marte". En este tiempo, tratan de ser tan objetivos como les sea posible y siempre con el propósito de llegar a una solución. Entre menos palabras, mejor.

"Venus habla", primera parte

Cuando una mujer necesita hablar sobre los sentimientos que saca a relucir un problema es necesario posponer la "reunión de Marte". En vez de esto, ella puede iniciar una sesión de "Venus habla". Puede decir algo como: "Necesito un poco de tiempo para hablar de mis sentimientos. No tenemos que arreglar o solucionar nada ahora. No tienes que decir nada. No tienes que cambiar. Todo lo que tienes que hacer es escuchar. Ni siquiera tienes que sentirte mal".

Y todo lo que se espera que él conteste es: "Dime más".

Al no resolver problemas durante "Venus habla", ella consigue ser escuchada y él puede reflexionar en lo que ha escuchado. Cuando ella termine, puede decir algo como: "Gracias por escuchar. Ha sido de gran ayuda. Me siento mejor".

Estas palabras sencillas pueden hacer todo un mundo de diferencia. Cuando un hombre recibe una descripción clara y funcional de una tarea, puede escuchar y lo hará. Cuando ella termine, es buena idea que ella se aleje. Así, él siente que le ha brindado apoyo al escucharla. Si ella insiste en seguir hablando, es como si lo estuvieran castigando por haber hecho una buena acción.

Como verás en el siguiente capítulo, "Venus habla" tiene otra función. Las conversaciones planeadas de "Venus habla", independientemente de si hubo una pelea, pueden ser una poderosa estrategia para ayudar a las mujeres a liberarse del estrés cuando sienten que se está acumulando en su interior.

Nunca te apresures a hacer una "reunión de Marte" para resolver una pelea. Si se planea una reunión antes de que los dos hayan podido pensar en la pelea, él corre el riesgo de sugerir una solución en la que no se tomen en cuenta los sentimientos de su pareja, y estaremos de regreso al punto donde comenzó la pelea. Si se toman más tiempo, él puede considerar los sentimientos de ella con mayor profundidad y ella sentirá que ha sido escuchada.

> *Siempre hay que esperar doce horas después de pedir tiempo fuera para organizar una "reunión de Marte" y resolver un problema.*

Separados, lejos del calor de la batalla, tienen la oportunidad de ver la situación desde la perspectiva del otro. Es natural que ambos sean más flexibles y tolerantes y, como resultado, la "reunión de Marte" será más efectiva y redundará en apoyo para los dos.

Así es como funciona:

Emily se siente terrible porque se puso tan emocional, pero Roger había insultado a su familia. Él hizo bien en retirarse de la pelea antes de que los dos dijeran cosas aún más hirientes. Ella decide pedir una sesión "Venus habla". Hace algunas cosas en la casa y luego lo busca en el estudio y le dice: "Estoy muy alterada. Creo que un poco de 'Venus habla' me puede ayudar".

Planean una conversación para dentro de una hora. Mientras tanto, Emily le habla a su amiga Kim para discutir el problema. Cuando se encuentra con Roger, ya está tranquila y puede decir:

—Sé que a ti realmente no te importan las festividades, pero son especiales para mí. Me encanta el día de acción de gracias porque es una celebración sencilla, sin regalos ni nada de eso.

—¿Lo que estás diciendo es que el día de acción de gracias no es una festividad llena de tensión? —dice Roger pensando en lo que ella acaba de decir.

—Exacto, es una festividad mucho más pacífica —Emily sigue explicando—. Sé que tus padres viven más cerca y que tu familia es más pequeña, así que nuestra presencia es importante. Pero realmente extraño pasar el día de acción de gracias con mi familia. No creo que sea pedir demasiado que pasemos con ellos una festividad de vez en cuando. Vemos a tu familia mucho más seguido.

–Ya veo…

–Tu familia es muy formal y me cuesta trabajo relajarme. Sé que mi familia es muy ruidosa. Pero a mí me divierte y alegra. Me duele que tú creas que es tan caótica.

–Dime más…

–Creo que mi familia te ha aceptado y te quiere de una forma en la que tu familia nunca me aceptará a mí. Sé que son diferentes estilos. Tu familia es más reservada. Pero yo siempre tengo la sensación de que hacen un esfuerzo por ser amables conmigo. Me siento como una extraña.

–Continúa…

–Quizá lo único que pasa es que extraño a mi familia. No los hemos visto desde junio y no quisiera esperar hasta navidad.

–Bueno, eso lo arreglamos después.

–Gracias por escucharme, Roger. Ya me siento mejor sólo por hecho de haber hablado.

Roger tiene tiempo para pensar en lo que le dijo Emily. La "reunión de Marte", planeada para el día siguiente, transcurre así:

–Entiendo que estás ansiosa este año por el día de acción de gracias —comienza Roger—. Me has dejado claro que ir con tus papás es importante para ti.

–Así es.

–¿Por qué no vemos los costos de los boletos de avión? —sugiere Roger—, si podemos reservar vuelos que nos convengan y no sean muy caros, podemos ir en avión este día de acción de gracias.

–Voy a verlo de inmediato —Emily está feliz—; gracias por comprender.

–Te amo y quiero que disfrutes tu festividad favorita.

–Y podemos pasar navidad con tu familia para variar y pasarla tranquilos en casa el resto del tiempo —Emily se apresura a disculparse—. Lamento haber enloquecido así.

–Y sabes bien que amo a tu familia y me la paso bien cuando estoy ahí. Lamento haberlos criticado cuando estaba enojado.

En este desenlace, Emily y Roger pudieron separarse sin pelear. Emily logró expresar sus sentimientos, que causaron tal impacto en Roger que decidió que hacer lo que ella quería no significaba ningún problema. Es más importante para ella que para él el lugar donde celebran las festividades.

Resistir la tentación de contarlo todo

Pecamos de inocentes cuando creemos que debemos compartirlo todo con nuestras parejas si nuestra relación es cercana e íntima. En una relación romántica, la intimidad es una gran aportación a la emoción y a la sensación de lograr algo, pero no tenemos que decir todo lo que pensamos y sentimos de un golpe; podemos elegir las partes que queremos compartir. Siempre será un error creer que nuestro compañero debe satisfacer cada una de nuestras necesidades.

Hay suficientes personas en nuestras vidas que comparten diferentes partes de lo que somos. Para estar conectados no tenemos que compartir cada sentimiento o idea que tenemos. En una relación amorosa, es importante que compartamos el lado más amoroso y tolerante que tenemos.

> *Las parejas necesitan expresarse, pero no tienen que decir todo lo que piensan o sienten.*

Ésta es una de las razones más comunes del fracaso en los matrimonios. Después de tan sólo unos años de decir y hacer lo que queremos, las parejas se tratan con menos afecto, amabilidad y consideración que a un extraño o invitado. Nos sentimos demasiado en confianza con el otro y dejamos de esforzarnos. Es importante que recordemos cómo tratamos a nuestros compañeros al principio e intentemos mantener este tipo de apoyo en la relación.

> *Muchas parejas tratan a un extraño o invitado con más consideración que uno al otro.*

Si quieres expresar todos tus sentimientos o todas tus soluciones para sentirte mejor, lo mejor es escribirlos en un diario o hablar con un buen amigo, un grupo de apoyo, un asesor de relaciones o un terapeuta. Es muy fácil escuchar cosas negativas cuando no se trata de ti. Tus amigas pueden escucharte cuando te desahogas porque tus sentimientos y pensamientos no se refieren a ellas. Una vez que te liberas de toda la negatividad, es mucho más fácil compartir los sentimientos positivos así como tus deseos y necesidades. Cuando se trata de evitar una pelea en tu relación, saber cuándo permanecer callado es aún más importante que decir lo correcto.

> *Saber cuándo permanecer callado es más importante que decir lo correcto.*

Advertencia: comportamientos disfuncionales no se deben a diferencias entre los sexos

No todas las diferencias tienen que ver con ser hombre o ser mujer. Algunas personas se sienten bien o tienen una sensación de poder cuando los demás les tienen miedo. No se trata de una diferencia entre los sexos, sino una señal de inseguridad que viene de asuntos no resueltos en el pasado, comportamientos adquiridos con los padres o inmadurez. Cuando un hombre o una mujer es inseguro, tienen la misma tendencia a hacer escenas emocionalmente cargadas o a guardar silencio con el fin de amenazar, avergonzar o castigar a sus parejas. Cuando esto sucede, están usando sus reacciones para controlar y manipular en lugar de liberar su estrés.

> *Un intenso arranque emocional o el manejo del silencio pueden ser usados de manera equivocada tanto por hombres como por mujeres para amenazar o castigar.*

Es importante entender esta diferencia. Un hombre puede retirarse en un intento legítimo de lidiar con el estrés o el mismo retiro puede ser con

177

el fin de castigar a su pareja o enseñarle una lección. Un hombre disfuncional puede alejarse porque está bajo demasiado estrés, y cuando se da cuenta de lo alterada que ella está, puede usar ese retiro para lastimarla.

Cuando un hombre se aleja para lidiar con su estrés, la mujer puede decidir que lo va a castigar retirándose cuando él regrese. Ella puede desarrollar la tendencia propia de la testosterona de alejarse. Desafortunadamente, este comportamiento mezquino no sirve de apoyo a su pareja.

Cuando una mujer se vuelve emotiva debido a la legítima necesidad de lidiar con el estrés, el hombre puede decidir que la va a castigar volviéndose él mismo muy emotivo. Es una respuesta común cuando los hombres son adictos a las drogas o al alcohol. Usan sus emociones negativas para intimidar a los demás.

> *Los hombres con frecuencia usan las emociones para amenazar cuando son adictos a las drogas o al alcohol.*

Las mujeres también pueden usar de manera equivocada sus reacciones emocionales para causarles dolor a los demás. En momentos de inseguridad, ella puede usar sus emociones con el fin de darle a él una lección, para hacerlo sentir culpable o sencillamente para "hacerle pasar un mal rato". Se les puede dar un mal uso a las tendencias naturales y saludables para castigar en lugar de amar.

> *Se les puede dar un mal uso a las tendencias naturales y saludables para castigar en lugar de amar.*

Castigar a nuestra pareja reteniendo nuestro amor puede funcionar a corto plazo, pero a largo plazo genera temor y falta de confianza, lo que causa tensión y conflicto. A menos de que ambas personas sientan que están obteniendo lo que necesitan en una relación, ambos serán grandes perdedores.

Una actitud de "Yo gano cuando tú pierdes" en una relación es una victoria vacía. Cuando amamos a alguien, perdemos si esa persona pierde. La única manera de ganar es cuando ganan los dos. El dolor más profundo que sentimos en una relación es cuando guardamos el amor que sentimos en nuestro corazón. Finalmente, queremos que nuestra pareja se sienta segura y libre cuando está con nosotros.

> *La seguridad y libertad son las fuentes primarias de felicidad y pasión en nuestras relaciones.*

Nuestra habilidad para discutir y resolver nuestras diferencias determina nuestro éxito en una relación. Cuando las diferencias nos separan, la pasión desaparece con el tiempo. Cuando podemos resolver nuestras diferencias apoyándonos amorosamente, con buena comunicación y saludable acuerdo, lo más probable es que pasemos una vida compartiendo amor sin tener que empezar otra vez.

Cómo reconciliarse

Después de tomarse un tiempo fuera y confrontar cada uno sus propios sentimientos, estarán listos para reconciliarse. Tratar de reconciliarse al mismo tiempo que esperas que tu pareja se disculpe no va a funcionar nunca. Cuando hay un altercado en la relación, sólo se necesita que uno se disculpe para lograr la reconciliación.

Siempre hay algo por lo que uno puede disculparse, incluso cuando sientes que el error está en tu pareja. Decir que lo sientes y que quieres reconciliarte es una de las frases más poderosas que puedes pronunciar. Disculparse es una de las destrezas más importantes que debemos aprender.

> *Aprender a decir que lo sentimos es una de las destrezas más importantes para conservar las relaciones.*

Si tu pareja se disculpa, pero tú no estás preparado para la reconciliación por lo menos déjale saber que aprecias su disculpa. En este punto, la pelota está de tu lado de la cancha. Depende de ti el manejo que hagas de tus sentimientos para que logres ser accesible y te reconcilies con tu pareja. El proceso de curación sólo se vuelve más lento cuando justificas tu sensación de estar lastimado porque tu pareja no se ha disculpado o porque no se siente lo mal que tú quieres.

Durante el tiempo fuera, en el caso de la mujer, puede ser de ayuda escribir una carta a sí misma para liberarse de los sentimientos heridos, escribiendo las palabras que le gustaría escuchar. Escribe lo que quisieras oír para sentirte mejor. Es un paso más para asumir la responsabilidad de tu bienestar. Lee la carta e imagina cómo te sentirías si tu pareja dijera o sintiera estas cosas. Luego, escribe lo que te gustaría decir en respuesta. Al hacerlo, te liberas y puedes abrir tu corazón de nuevo.

También puedes darle esta carta a tu compañero para pedirle que te la lea. Dile que te sentirías muy bien si él usara estas palabras a la hora de disculparse. Si no puede decir las palabras exactas, muéstrale que aprecias lo que sí dice.

Nancy y Jeremy están discutiendo. Todo empezó cuando ella descubrió que a él se le había olvidado enviar el cheque para pagar el seguro del auto, ignorando los varios recordatorios que ella le hizo. Cuando Nancy se entera de que el seguro de su carro está suspendido temporalmente, enloquece. Lo acusa de ser descuidado, desordenado e irresponsable y de poner todo lo que han trabajado juntos en peligro. Le pregunta sobre cómo se puede confiar en él si deja que algo así suceda.

Él deja en claro que la reacción de ella es excesiva, explicando que sólo tiene que hablarle al agente de seguros para que todo vuelva a la normalidad. Por supuesto, ella entonces se acuerda de todo lo que a él se le ha olvidado durante los últimos tres años y le recuerda sus errores. Esta discusión se deteriora a tal punto que él le dice que es una mandona.

Nancy se enfurece. Después de pensar en lo que acaba de suceder, ella se sienta en la cama con un cuaderno de notas y se escribe una carta, expresando lo que le gustaría que le dijera Jeremy:

Querida Nancy:

Lamento que se me haya olvidado lo del seguro del carro. Tengo tanto en qué pensar con la crisis actual en la oficina que no he puesto la atención suficiente en ti y en lo que pasa en la casa.

Haces tanto por llevar la casa y mi aportación es muy limitada. Sé que muchas veces te doy por un hecho, pero quiero que sepas que no podría vivir sin tu apoyo, previsión y amor.

Aunque trabajas muy duro, piensas siempre en nuestra comodidad. No sé cómo lo haces, pero estoy consciente de que aunque parece fácil, no lo es.

Amo la vida que llevamos juntos y siento que mi inconsciencia la haya puesto en riesgo. Lamento haberte dicho cosas que te hicieron sentir mal cuando sé que yo fui el del error. Realmente te quiero hacer feliz y enloquezco cuando no lo eres. Por favor, perdóname por comportarme como un tonto. Te amo y quiero ver una hermosa sonrisa en tu rostro.

Con amor,
Jeremy

Y su respuesta a esa carta imaginaria es:

Querido Jeremy:

Gracias por apreciar y comprender lo importante que es para mí nuestra vida juntos y por decirme que sientes lo mismo. Gracias por reconocer mi esfuerzo para que todo fluya tranquilamente y el apoyo que trato de darte.

Gracias por comprender que estoy estresada y que me obsesiono con las pequeñas cosas. No quiero ser mandona. Es sólo que hago tantas cosas y tengo tanto en la cabeza que a veces resiento tu habilidad para perderte frente al televisor sin una sola preocupación en mente.

Te amo y quiero que resolvamos las exigencias de nuestra vida en conjunto con más amabilidad y armonía.

Amor,
Nancy

Si no pueden ponerse de acuerdo sobre lo que salió mal o quién está equivocado, por lo menos pueden estar de acuerdo en que lo que sucedió no es algo que les guste que pase, y que quieren reconciliarse y sentirse unidos otra vez.

Las heridas emocionales son como las heridas físicas. Nos lastimamos pero también nos curamos. Si esperamos que nuestra pareja se disculpe para curarnos, sólo posponemos el tiempo de curación. Para un niño es importante escuchar una disculpa, pero un adulto puede aprender a vivir sin ella. Como adultos, es importante que aprendamos a abrir nuestros corazones sin esperar que nuestro compañero dé ese paso.

9 Hablar sobre los sentimientos en tierra de nadie

Para muchos hombres lo peor que una mujer puede decir es: "tenemos que hablar". Esto debería ser lo mejor que sucediera, pero dado que no siempre estamos compaginados cuando hablamos, la conversación llega a agotar al hombre o a convertirse en una pelea.

En el mundo laboral, los sentimientos siempre se almacenan. No es apropiado hablar de tus sentimientos con un cliente. Estamos ahí para hacer un trabajo. Es diferente en el hogar y en las relaciones. Para cuando las mujeres llegan a casa están hambrientas por tener experiencias generadoras de oxitocina.

> *Dado que en el trabajo los sentimientos se almacenan, las mujeres necesitan sacarlos en el hogar.*

Cuando una mujer no dispone del tiempo necesario para hablar de sus sentimientos, no tiene acceso a la manera más poderosa para reducir su estrés. Si las mujeres pasan sus días trabajando o aisladas en su casa, necesitan equilibrar el aumento de testosterona que produce la sensación de tanta responsabilidad con un aumento en la oxitocina.

Usualmente una de las mayores quejas de una mujer sobre su relación con un hombre es que él no la escucha. Este detalle ha adquirido importancia sólo hace poco tiempo dado que su estilo de vida ahora no le permite tener una comunidad de mujeres con las cuales compartir. En el pasado, las mujeres pasaban sus días en compañía de otras mujeres. No esperaban que sus esposos escucharan detalles de sus sentimientos y percepciones.

> *En el pasado, nunca se les pidió a los hombres que fueran buenos para escuchar.*

Cuando la mujer no tiene oportunidad de hablar durante el día, se estresa. Cuando regresa a casa, necesita compartir sus sentimientos con su pareja. Si esta necesidad no se satisface, todo lo que él haga por ella pasa por un filtro que dice que él no está haciendo lo que se espera.

> *Cuando las parejas no hablan, nada que él haga será lo suficientemente bueno.*

Como hemos visto en los capítulos anteriores, cuando las parejas hablan no puede ser de la misma manera en la que las mujeres comparten entre ellas porque el hombre no es una mujer. Si sigues las estrategias y técnicas de este capítulo, hablar con un hombre te ayudará a reducir el estrés aún más que cuando compartes con una mujer, particularmente durante una sesión de "Venus habla".

Hablar sobre los sentimientos en los momentos equivocados

Muchas veces las mujeres sabotean el éxito de las relaciones hablando de sus sentimientos en momentos inapropiados. Las mujeres solteras y casadas hacen lo mismo. Una mujer empieza una discusión de manera inconsciente o expresa sus quejas sobre algo sólo para hablar de sus sentimientos. Si una cosa sale mal, ella está más que dispuesta a hablar detalladamente sobre sus sentimientos.

> *Las mujeres que salen en una cita pueden quejarse demasiado*
> *sólo para hacer conversación.*

Tal vez ella esté molesta por su trabajo, pero cuando él la invita a salir ella habla sobre lo mal que está la comida o el error que fue salir a comer. Y si él le pide algo tan sencillo como que vaya a recoger ropa a la tintorería, ella explota con una descripción de lo mucho que tiene que hacer cuando un "Estoy muy ocupada" hubiera sido suficiente.

> *Las mujeres pueden seguir hablando cuando un simple "no"*
> *es más que suficiente información.*

Seguir hablando sobre lo mismo es un intento malogrado por estimular la producción de oxitocina para liberarse del estrés. El momento que elige una mujer para expresar sus sentimientos tiene un gran efecto en la capacidad del hombre para escuchar. Elegir el momento adecuado lo es todo en la vida y en la comunicación. Cuando una mujer está estresada, pierde su capacidad de escoger el momento adecuado.

A continuación algunos ejemplos de cuando se pierde el sentido del momento adecuado y cuál es la reacción de los hombres:

LO QUE ELLA HACE	CÓMO SE SIENTE ÉL
Si ella no está de acuerdo con su manera de ser como padre, se esperará a tocar el tema cuando los niños no quieran cooperar, no estén contentos o no les vaya bien.	Él siente que lo están culpando y criticado en un momento de gran vulnerabilidad. No sólo ella no lo apoya sino que parece que no aprecia sus esfuerzos por ser un buen padre.
Si ella está agobiada, esperará a que él le pida algo para quejarse con lujo de detalle de que ya hace demasiadas cosas.	Él siente que se le está culpando, como si ella no pudiera pedir ayuda, y se siente agobiado por los problemas de ella. Tiene la sensación de que la ha decepcionado y de que sus problemas son culpa de él.

LO QUE ELLA HACE	CÓMO SE SIENTE ÉL
Si ella está molesta porque él no hace lo que dijo que iba a hacer, ella se espera hasta que él esté relajado o haciendo una actividad entretenida como ver la televisión o leer un libro para hablarle.	Él se molesta porque ella se espera hasta su tiempo de recuperación para hablar y espera que él detenga lo que está haciendo y responda a sus necesidades. Él quiere responder pero tiene que descansar. Su impresión es que es muy exigente.
Si ella quiere pasar más tiempo con su pareja, esperará a que él esté con un amigo para hablar de sus sentimientos.	Él se siente manipulado por los sentimientos de su pareja. Cuando quiere ocuparse de sus propias necesidades, ella necesita muchas cosas. Aunque él se preocupa por lo que ella siente, resulta que para satisfacer esas necesidades él no puede hacer lo que quiere.

En esos momentos en que una mujer insiste en hablar sobre sus sentimientos, deseos y necesidades, un hombre puede suponer que ella está tratando de controlarlo. En la mayoría de los casos, ella sólo espera la oportunidad de sacar a la luz temas que a él no le interesan. Si la mujer cuenta con oportunidades regulares para hablar, esta tendencia desaparece.

La tabla anterior muestra cómo en Marte llega a tenerse la impresión de que ella sólo quiere rechazar, criticar, quejarse, controlar o castigar a su pareja. Pero si observamos bien, podemos ver lo que es evidente para cualquier mujer que vive con un hombre: tiene pocas oportunidades para compartir sus sentimientos con su pareja dado lo ocupados que están día a día. Cuando aparece la oportunidad, esos sentimientos surgen repentinamente. En esas ocasiones, los hombres tienen que recordar que las mujeres tienen una programación diferente y que así es como reaccionan al estrés.

La solución a este problema, más allá de reconocer esta diferencia, es crear momentos para hablar. Aunque él no tenga nada que decir, ella puede hablar y todo lo que él tiene que hacer es escuchar. Si se espera que él haga más, la conversación se convierte en un suplicio.

Crear momentos para que una mujer hable sobre sus sentimientos

Usualmente, crear momentos para hablar no funciona porque los hombres tienen poco que decir. Pero cuando él entiende que no se espera que él hable, está mucho más dispuesto a hablar con su pareja. Si él la puede hacer feliz sin necesidad de convertirse en alguien que no es, entonces estará más que dispuesto a hacerlo.

Si hablar significa que mientras ella habla él escucha para ayudarla a sentirse mejor, entonces es algo que puede hacer sin problema. Si hablar significa que ella hable de sus sentimientos y espera que él hable de los suyos, ya es otra historia. Si ella planea hablar sobre sus sentimientos y también trata de resolver problemas, la situación es aún más difícil para un hombre.

Las mujeres quieren hablar sobre sentimientos y resolver los problemas al mismo tiempo. Así es como lo hacen con sus amigas y así es como lo quieren hacer en casa. Esperar que su compañero converse como una amiga sólo le ocasionaría decepción y él se sentiría como un fracaso. Si ella quiere resolver problemas con él, necesita hablar su idioma y deshacerse de los sentimientos que sobran.

En el pasado las mujeres pocas veces hablaban de sus sentimientos. Fue sólo con la llegada de las terapias que las mujeres han esperado que los hombres exploren y validen sus sentimientos al mismo tiempo que quieren que resuelvan sus problemas. Se trata de una expectativa poco realista y que puede causar mucha fricción en las relaciones.

En esos momentos, es un acto no sólo inteligente sino de amor compasivo y de amabilidad que un hombre ponga como prioridad la necesidad de la mujer de hablar sobre sus problemas antes de ponerse a resolverlos. Al reconocer que este comportamiento la hará sentir mejor, él está resolviendo un problema que en potencia resultaría explosivo y al mismo tiempo mantiene elevados sus niveles de testosterona.

> *Siempre es mejor concentrarse en los sentimientos antes de tratar de resolver los problemas.*

Si el hombre no comprende esto, sus niveles de testosterona disminuyen de manera notable cuando escucha pasivamente los sentimientos de su pareja o las objeciones a sus propuestas. El solo hecho de escucharla hablar de sus sentimientos le parece una situación en la que nadie gana. Cuando las mujeres hablan de sus problemas, los hombres se inquietan, se molestan y se deprimen. Cuando él responde con síntomas de resistencia, ella siente todavía más estrés. Para evitar que esta situación de fricción se convierta en una pelea, los hombres deben aprender el arte de escuchar sin interrumpir para resolver los problemas.

> *Cuando las mujeres hablan sobre problemas, los hombres se inquietan, se molestan y se deprimen.*

Este comportamiento no le da oportunidad a la mujer para decir todo lo que quiere pues espera que el hombre escuche pasivamente. Pero si ella no pierde de vista sus necesidades y tiene cuidado con lo que dice, no sólo lo ayudará a escuchar sino que también hará que suban sus niveles de oxitocina. Si ella confía en que él escuchará lo que ella tiene que decir, su estrés disminuirá.

"Venus habla", segunda parte

Desafortunadamente, a pesar de los teléfonos celulares y los mensajes instantáneos, el ritmo y las exigencias de nuestras vidas no permiten a las mujeres tener la oportunidad de hablar con amigas con mayor frecuencia. "Venus habla" es una manera de llenar este vacío. Para ayudar a las mujeres a lidiar con el estrés de no poder hablar con libertad durante el día, los hombres pueden escuchar sin el propósito de arreglar o resolver algo. Mientras tanto, la mujer habla sin la intención de resolver sus problemas más allá de su necesidad de sentirse conectada con alguien. Así puede compartir los detalles de su día sin esperar nada en particular. Cuando ella sólo comparte sus experiencias, sus niveles de oxitocina empiezan a subir.

> *Las mujeres necesitan ayuda para recordar cómo conversar de tal forma que suban sus niveles de oxitocina.*

Así como los hombres tienen que aprender a escuchar, las mujeres necesitan practicar el hecho de compartir sin esperar que él cambie. Si mientras ella comparte sus sentimientos también le quiere dar una lección a él, mejorar su comportamiento o hacerlo sentir mal, todo será contraproducente. Ella estaría usando sus sentimientos negativos para motivar o cambiar el comportamiento de él. Como resultado, él se sentirá manipulado por los sentimientos y emociones de ella, y en el futuro pondrá más resistencia a escuchar.

Conversar sin tratar de que él cambie o haga algo sobre los problemas y desafíos de ella es una situación difícil para la mujer porque todo el día realiza labores generadoras de testosterona. Pero si logra hacerlo, volverá a subir sus niveles de oxitocina y así equilibrará un día completo de producción de testosterona.

Un día malo para Claire

Claire necesita despejar su cabeza en un día que todo ha salido mal. Pero está contenta porque es una de las noches programadas para "Venus habla". Ella y Al hablan después de que él ve las noticias.

—Todo salió mal hoy —empieza Claire—. No lo vas a creer. Realmente me agoté.

—A ver, cuéntame —le contesta Al.

—Bueno, cuando iba rumbo a la oficina, me detuve en el correo para enviarle el paquete a mi sobrina...

—Buen detalle.

—Estaba a punto de estacionarme en un lugar cuando una mujer en una camioneta que hablaba por su celular llegó del otro lado y me tapó el paso.

—No es cierto...

—Sí, era como si fuera la dueña del mundo. Así que abrí mi ventana y le dije cuando salía de la camioneta: "Perdón pero yo iba a estacionarme en ese lugar".

189

—¿Y que hizo ella?

—Me ignoró.

—¡No!

—Sí, se fue corriendo. Me molesté tanto que mejor me fui.

—Eso es horrible.

—Las personas son tan groseras.

—¿Qué pasó luego?

—Estaba tan alterada que decidí tomarme un capuchino. Había una fila muy larga, pero decidí esperar.

—Mmhh...

—Cuando me estaba metiendo al carro, tiré todo el café en mi abrigo nuevo y mis pantalones beige.

—¡No es cierto!

—Logré quitar las manchas en el baño del trabajo, pero traje un olor a lana húmeda y café casi todo el día.

—Eso ha de haber sido incómodo.

—Y Jeanine hizo un comentario desagradable sobre eso en la junta.

—¿De veras?

—Entonces alcancé a escuchar que la administración está pensando en reducir o eliminar por completo el plan de bonos el año que entra...

—¡Huy!

—Eso es lo que se dice. Estaba confiando tanto en recibir ese bono para arreglar el baño.

—Mmmm...

—Y luego me cancelaron la cita de la comida. Es la cuarta vez que me lo hace Sherry en el último momento. Tuve que acomodar toda mi agenda para organizar esa comida. Supongo que comer conmigo no significa tanto para ella, me dio unas excusas tan malas...

—Cuéntame más.

—Creo que voy a hablar con ella al respecto, pero me siento patética y necesitada. Quizá nuestra amistad necesita un descanso. Estoy muy ocupada y si ella no valora mi tiempo...

—Entiendo lo que dices.

190

—*En fin, podría seguir hablando, pero ya me siento mejor que cuando empezamos a hablar.*

—*Qué día más horrible.*

—*A veces cuando el día empieza mal, no hace más que ponerse peor, y no hay nada que yo pueda hacer al respecto.*

—*Sé cómo se siente.*

—*Bueno, por lo menos podemos pasar una velada agradable.*

—*Sí, el día aún no termina* —dice Al mientras se levanta del sillón y le da un fuerte abrazo.

—*Eres el mejor* —dice Claire—. *Hablar contigo ha sido lo mejor del día.*

Esta conversación unilateral no es como hablan las mujeres en Venus, pero es un fuerte generador de oxitocina. Cuando las mujeres hablan entre ellas, suelen mezclar los sentimientos y tienden a querer resolver los problemas. En lugar de esta conversación, si comparten y arreglan, producen tanto oxitocina como testosterona. Cuando una mujer aprende a compartir sus sentimientos sin buscar una solución, como en la conversación anterior, sus niveles de oxitocina se elevan aún más porque su cuerpo no produce la testosterona que bloquea los efectos de la tranquilizante oxitocina. Esta oportunidad le permite liberarse del estrés de una manera más efectiva y, como resultado, se da cuenta de que no necesita ayuda para resolver sus problemas o que la importancia de sus problemas desaparece. Cuando ella habla y él escucha, ella recibe muchos de los beneficios de una terapia.

Cuando una mujer me busca para una terapia, no habla para tratar de cambiar a su pareja. Él no está ahí. Por el contrario, ella viene a ayudarse a sí misma. Quizá quiera cambiar a su compañero, y quizá pregunta por las maneras en las que puede hacerlo, pero en realidad sólo está compartiendo sus sentimientos y, como él no está presente, funciona muy bien.

"Venus habla" tiene otros dos beneficios que también forman parte de una sesión de terapia. Dado que la terapia se enfoca en el paciente, la dinámica entre el terapeuta y el paciente hace que la exploración de los sentimientos de una mujer sea más productiva. En segundo lugar, cuando el paciente trata de resolver el problema, el terapeuta, con habilidad, lo guía de regreso a sus sentimientos en lugar de entrar en el proceso de resolución de problemas.

Es muy común que las mujeres pregunten por qué sus compañeros dicen o hacen algo. Éste es un intento por encontrar una solución a sus problemas. En lugar de reflexionar en la pregunta, el terapeuta le dará otra dirección y dirá: "¿Cómo te sientes cuando él dice eso?". Al llevarla de regreso a sus sentimientos, el terapeuta la ayuda a expresar sus sentimientos y liberarse del estrés.

Los lineamientos de "Venus habla" garantizan los beneficios que una mujer obtendría de la terapia común. Con el paso del tiempo, ella obtendrá mejores resultados porque empezará a percibir una nueva intimidad con su compañero que pocas parejas conocen. Además de una mayor comprensión de sus sentimientos, las sesiones programadas de "Venus habla" lo hacen a él más sensible a las necesidades de ella y adquiere mayor conciencia, motivación y energía para apoyarla.

Cómo funciona "Venus habla"

"Venus habla" sólo funciona cuando tanto el hombre como la mujer tienen el mismo objetivo. Mientras se realiza "Venus habla" ella no debe esperar que él se disculpe o que prometa hacer las cosas de otra manera. Tampoco ella debe esperar que él demuestre así su empatía. Por el contrario, ella sólo comparte y él sólo escucha.

"Venus habla" trata principalmente de un mensaje del tipo: "Sólo para tu información". No se espera o requiere acción alguna.

Si ella habla sobre todas las cosas que tiene por hacer, no puede esperar que él ofrezca ayuda. Si él lo hace, es un bono adicional. Ella sólo espera que él escuche. Tal vez más tarde él decida ayudarla, pero su objetivo al hablar es comentar lo que la tiene molesta. Entre menos espere ella de él, mejor se sentirá ella y él hará más.

Las mujeres esperan más de lo que obtienen de los hombres
y siempre consiguen menos.

Si ella dice que tiene demasiado que hacer, no puede esperar que él se ofrezca a pasar a la tintorería, cambiar los focos, revisar las cuentas de crédito o hacer toda una serie de labores. Ella sólo espera que él la escuche para ayudarla a enfrentarse al estrés y para dejar de sentirse agobiada.

Siempre que planeen un "Venus habla" la mujer necesita recordarle a un hombre que él no tiene que resolverle sus problemas. Esto es novedoso tanto para él como para ella. Si ella no tiene presente qué necesita, no puede esperar que él se acuerde. Al recordarle que no tiene que decir o arreglar nada, ella se recuerda a sí misma que no debe tener la expectativa de que él haga algo.

Una paciente que tuve y que al principio opuso gran resistencia a este proceso, finalmente aceptó intentarlo. Le parecía algo artificial y poco sincero. No quería hablar con alguien que no estuviera interesada en lo que ella tenía que decir. De hecho, su esposo no estaba interesado en lo que ella decía. Lo intentó y se sorprendió por lo bien que se sintió. Sabía que su compañero no estaba interesado, pero nunca había podido hablar sin que él la interrumpiera. Este mero hecho la hizo sentir bien. Con el tiempo, conforme fue perfeccionando el procedimiento, él acabó por interesarse en todo lo que ella decía.

El simple hecho de saber que no será interrumpida
puede reducir los niveles de estrés en una mujer.

Algunos hombres tienen la necesidad de sentir que tendrán éxito al hacer algo antes de poder interesarse en hacerlo. Una vez que un hombre descubre que puede hacer feliz a su pareja, el proceso de escuchar le da la energía necesaria para interesarse. Quizá no le importe todo lo que ella dice, pero sí le atañe hacerla feliz. Ropa nueva, cuentos de bebés, chismes de oficina y planes de boda nunca serán tan emocionantes para un hombre como lo son para una mujer.

Mujeres que no hablan lo suficiente

Algunas mujeres no sienten la necesidad de compartir. Están demasiado ocupadas para preocuparse por eso. En la superficie parece que vienen de Marte, pero en el interior son de Venus. En estos casos las mujeres también se benefician de "Venus habla", sólo que no lo saben hasta que lo intentan. Este tipo de mujeres suele no tener esposo o compañeros muy dispuestos a conversar. Si ella quisiera hablar, tendría que escuchar también los problemas de él. Esto sólo aumentaría su nivel de estrés. Está bien que los hombres compartan sus sentimientos, pero no después de una sesión de "Venus habla". Una regla general en la comunicación entre sexos en el hogar es que el hombre nunca debe hablar más que la mujer. Lo último que ella necesita es escuchar sus problemas cuando lo que ella necesita es hablar o cuando está estresada.

> *Una regla general en la comunicación entre sexos en el hogar es que el hombre nunca debe hablar más que la mujer.*

Muchas mujeres no saben que necesitan expresar sus emociones. Piensan que confiar sus problemas a sus compañeros es una costumbre de finales de la década de 1950. Las mujeres no quieren sentirse quejumbrosas o chillonas. La incapacidad actual de una mujer de percibir su propia necesidad de compartir estos sentimientos es el resultado de vivir en un mundo estresante y productor de testosterona. Aunque ella no sienta esa necesidad, es lo que más extraña. A medida que practica, durante "Venus habla", logrará experimentar muchos beneficios del aumento en el nivel de oxitocina.

Planeando sesiones de "Venus habla"

En lugar de esperar a que el estrés se acumule, es una buena idea organizar sesiones regulares de "Venus habla", así como planearías una cita o una sesión de terapia. No tienes que esperar hasta que necesites hablar. La presión de tener que sacar algo puede restringir la producción de oxitocina. "Venus habla" es mucho más efectivo cuando se planea y la mujer espera con gusto el momento.

"Venus habla" debe durar, en términos ideales, unos diez minutos y debe practicarse por lo menos tres veces a la semana. Por supuesto, en momentos de mayor estrés se puede hablar más tiempo. En estas ocasiones, puedes considerar primero hablar con un asesor de relaciones para no sobrecargar a tu pareja. Durante "Venus habla" una mujer debe expresar cómo se siente sobre los cambios estresantes y difíciles que padece en su vida y su compañero necesita escuchar y decir, de vez en cuando, "Cuéntame más". No se le permite hace más comentarios y a ella no se le permite hacer preguntas.

Al final de los diez minutos, ella le da las gracias y él la abraza. Generalmente no se acostumbra hablar luego sobre lo que ella dijo, pero si él quiere hacer un comentario debe esperar por lo menos doce horas. Como me dijo mi esposa en una ocasión después de una sesión de "Venus habla": "Necesito tiempo para calentarme con el sol de tu amor y comprensión".

Es posible que al principio tengas la sensación de que no puedes hablar sólo durante diez minutos o de que es poco tiempo. Pero esto no debe preocuparte, habla ese tiempo y poco a poco tendrás la habilidad de encender y apagar el interruptor de tus sentimientos negativos. Después de unas cuantas sesiones, entrenarás a tu mente y cuerpo para que produzcan más oxitocina en menos tiempo.

Sesiones planeadas con regularidad harán que todas las demás conversaciones con tu pareja tengan menos carga de estrés. "Venus habla" es una manera importante en la que los hombres y las mujeres pueden reducir sus niveles de estrés. Así como los niveles de oxitocina de una mujer se incrementan, los niveles de testosterona de un hombre también aumentan cuando siente que es importante lo que está haciendo.

195

Usando los temas de "Venus habla"

Durante las sesiones de "Venus habla" recomiendo que uses los temas que presento más adelante. Es una guía sencilla de seis preguntas que puedes contestar sobre tu día, la semana, tu pasado e infancia o lo que se te venga a la mente.

Nuestro inconsciente sabe qué es lo que nos molesta y dejará ir el estrés si tiene la oportunidad. Para ello sólo debemos hacernos las siguientes preguntas y hablar de lo que se nos ocurra. Si una mujer dedica un momento a explorar y expresar los sentimientos que provoca cada pregunta, sentirá el aumento en el nivel de oxitocina y, por lo tanto, menos estrés.

Temas de "Venus habla"

- ¿Qué te hace sentir frustrada o molesta?
- ¿Qué te hace sentir decepcionada, triste o lastimada?
- ¿Qué te hace sentir temor, preocupación o miedo?
- ¿Qué te hace sentir culpable, humillada o avergonzada?
- ¿Qué deseas, quieres o necesitas?
- ¿Qué aprecias, comprendes o en qué confías?

Dedica unos noventa segundos a contestar cada una de las seis preguntas y comenta lo que se te ocurra. Si la pregunta es sobre sentimientos de enojo pero lo que surgen son sentimientos de tristeza, entonces habla de la razón por la que estás triste, aunque sí dedica un momento para pensar qué es lo que te hace enojar. Usa esta guía como ayuda para ver en tu interior y compartir tus hallazgos.

Las pláticas sirven para liberar a las mujeres de la necesidad de plantear y conquistar objetivos, que son actividades generadoras de testosterona. No sólo la mujer deja de esperar que su compañero cambie después de una de sus conversaciones, sino que también se olvida de la idea de que una sesión de "Venus habla" siempre tiene que ser catártica. Aunque te sientas bien por pensar en una pregunta en especial, lo mejor es pasar a la siguiente pregunta después de unos minutos. Poner un límite al tiempo que se dedica a cada respuesta ayuda a que la mujer explore mejor sus sentimientos y también a transitar por ellos de manera más eficaz.

> *Poner un límite al tiempo de una sesión de "Venus habla" entrena a la mente y al cuerpo a liberarse del estrés en un periodo más breve.*

Si se planean sesiones regulares de "Venus habla", el hombre establece un nuevo hábito para ayudar a su compañera a reducir el estrés. Cuando una mujer es feliz, es probable que también lo sea su compañero. Un maravilloso efecto secundario de este proceso es que le permite al hombre conservar sus niveles de testosterona cuando se realiza en su presencia. Con el tiempo, esta habilidad para escuchar mejorará dramáticamente y él la hará partícipe, cada vez más, de sus pensamientos y del proceso de toma de decisiones. La mejor actitud es olvidarse de cualquier expectativa. No hay que esperar fuegos artificiales. Si de vez en cuando sucede, será maravilloso.

Siguiendo los lineamientos básicos

Muchas mujeres suponen que a sus compañeros no les interesarán las sesiones de "Venus habla", pero están equivocadas. Cuando un hombre lee los lineamientos básicos y toma conciencia de todos los beneficios que representan estas sesiones para su pareja, suele estar más que dispuesto a ayudar. Es importante que la mujer le haga saber todas las veces que ha sido de gran ayuda. Al principio, el proceso puede parecer algo mecánico pero, con el tiempo, se convierte en algo natural. Se trata de una interacción con gran significado que ella esperará con ansiedad.

> *Al principio las sesiones de "Venus habla" pueden parecer mecánicas, pero terminan por convertirse en algo natural y relajado.*

197

El proceso se hace más fácil al principio si se usan los seis temas de "Venus habla". Una vez que ya se acostumbraron a las preguntas, pueden creer que ya no necesitan todos los temas. Yo recomiendo que los sigan usando. Estos temas están diseñados para alejar a la mente de la resolución de problemas y hacer que la mujer se concentre en sus sentimientos. Además, le da algo que hacer al hombre.

Así es como debe realizarse una sesión de "Venus habla":

1. Él lee la primera pregunta.
2. Ella empieza a hablar.
3. A los noventa segundos, él dice "gracias" y le hace la siguiente pregunta.
4. Si ella deja de hablar antes de que transcurran los noventa segundos, él puede decir: "Gracias, cuéntame más".
5. En ningún momento él deberá ofrecer consejos, sugerirle algo para decir, disculparse o prometer que va a hacer algo.
6. En ningún momento se espera que él resuelva el problema o conteste las preguntas de ella.
7. Es un momento para reducir el estrés de la mujer y desarrollar el hábito de compartir momentos sin objetivos en mente.
8. Al terminar, ella debe decir algo como: "Gracias por escuchar, realmente me ayudó. Me siento mucho mejor".
9. Se deben dar un fuerte abrazo.

Algunas mujeres disfrutan y necesitan de esta estructura mientras que otras sólo quieren hablar sobre lo que les causa estrés o les molesta, como en la escena planteada al principio de este capítulo. Yo sugiero usar los temas de "Venus habla" en varias ocasiones antes de decidir si los quieren seguir usando o no. Estas preguntas han demostrado ser de gran utilidad para millones de personas. He enseñado esta técnica de diferentes maneras por más de veinticinco años.

> *Usen los temas de "Venus habla" varias veces antes de decidir si los quieren seguir usando o no.*

Si usan los temas las veces que sea necesario, los interiorizarán y entonces ya no necesitarán las preguntas. Sin embargo, las primeras veces que practiquen "Venus habla" es más fácil si no se concentran en sus sentimientos con respecto a su compañero. Hay muchas otras cosas de las que pueden hablar. Con el tiempo, a mayor destreza, pueden hablar sobre él si así lo desean. Para entonces, los dos ya habrán comprendido que sólo se trata de compartir sentimientos y que no hay exigencia o petición de cambio por parte de la mujer.

A medida que las mujeres dejen de tratar de cambiar a los hombres, ellos tendrán más energía para recordar sus sentimientos románticos y proveer ese tipo de apoyo. Planificar sesiones de "Venus habla" es una manera de reducir el estrés para ser más receptivo y disfrutar más de la relación cuando tu compañero se sienta romántico.

Por qué "Venus habla" también le puede funcionar a él

Si un hombre no tiene que arreglar nada, cambiar o sentirse mal, entonces su cerebro tiene la libertad de concentrarse en una sola cosa: escuchar. Cuando no tiene que defenderse o decidir qué tiene que hacer con la información que ella le proporciona, él puede escuchar más sobre lo que ella quiere hablar. A ella, concentrarse de esta manera, la ayuda a descubrir sus propios sentimientos. Como escritor, muchas veces escribo para descubrir lo que sé. Como conferencista, a veces hablo para aprender mejor lo que ya sé. De manera similar, las mujeres pueden hablar para descubrir sus sentimientos.

> *Cuando un hombre escucha, ayuda a la mujer a descubrir sus propios sentimientos.*

Puede resultar molesto para una mujer hablar con un hombre porque cada vez que toca un tema, ella se preocupa por cómo expresarse o por cuál será su reacción. Durante una sesión de "Venus habla", ella es libre de decir casi cualquier cosa, y él no siente hostilizado. Es más fácil para ella explorar sus sentimientos negativos para descubrir los sentimientos positivos que siempre están ahí. Las sesiones regulares de "Venus habla" facilitan la comunicación. Le quitan a la mujer la presión de llamar la atención de su pareja y también le quitan a él la presión de resolver sus problemas. Las parejas que practican "Venus habla" sienten la libertad de comprenderse y pueden sobreponerse a la nueva carga de estrés que todos padecemos ahora.

Los hombres y los sentimientos

Al llegar a este punto, es posible que te preguntes si un hombre necesita hablar sobre sus sentimientos. Al hombre le gusta compartir lo que siente, pero lo puede hacer después de hacer el amor o mientras contemplan un amanecer o un atardecer. Compartir sentimientos es una forma en la que los hombres se relacionan, pero no es la mejor manera en que ellos se liberan del estrés.

> *Compartir sentimientos no es la mejor forma en que los hombres se liberan del estrés.*

Puede ser útil para un hombre explorar y compartir sus sentimientos con el fin de sanar su pasado en terapia o para ayudarlo a sobreponerse en un momento difícil. Pero él obtendrá mejores resultados si lo hace en un diario, con un asesor o terapeuta, o con alguien más que no sea su pareja romántica. Ella puede apoyarlo dejándole espacio libre y apreciando lo que él hace.

Cuando un hombre se preocupa por los sentimientos de su compañera, su interés romántico aumenta. Cuando una mujer se involucra demasiado con los sentimientos de su pareja, tiende a volverse maternal y a preocuparse por conseguir objetivos, haciéndose responsable de él. Esto no sólo lo debilita a él sino que para ella representa una carga más.

En lugar de depender de su compañera para tener apoyo emocional, un hombre puede lidiar mejor con el estrés si resuelve problemas y además la ayuda a ella. Las sesiones de "Venus habla" son buenas para los hombres incluso cuando él pasa por un momento de mucho estrés. Concentrarse en los problemas de ella puede ser un desahogo para él. Ésta es la razón por la que los hombres suelen ver las noticias. A medida que se concentran en los problemas de los demás, se olvidan temporalmente de los suyos.

En lugar de tener que enfrentar y sentirse culpable por todos los problemas y motivos de estrés que tiene ella en la vida, él puede hacer algo específico para ayudarla. La sencilla labor de escuchar le permite dejar de lado sus presiones durante un tiempo. Ayudarla de esta manera también lo ayuda a él.

> *Si el hombre dedica más tiempo a escuchar, puede olvidarse temporalmente de todas las otras presiones.*

Aunque parece irónico, a medida que un hombre siente que no tiene que hacer más para tener contenta a su pareja, empezará a hacer más por ella. Comprender mejor lo que ella siente le servirá de estímulo y le generará energía adicional para ser más afectuoso, planear momentos de diversión y romance, y terminar de hacer todo lo que tiene pendiente.

Seguir los lineamientos de "Venus habla" permite que la comunicación entre Marte y Venus sea más fácil. El hombre no tiene que comprender los sentimientos de su compañera y hallar una solución al mismo tiempo. Esto facilita la labor de escuchar. En Marte, los hombres muestran su preocupación haciendo algo o diciendo algo para resolver un problema. En el caso de "Venus habla" lo único que hace el hombre para resolver el problema es escuchar.

No hay que olvidar que la capacidad de empatía de un hombre no está tan desarrollada como en la mujer. La parte emocional del cerebro tiene el doble de tamaño en la mujer; el centro de estrés en el cerebro del hombre, la amígdala, es el doble de grande y está conectado directamente a los centros de acción. Su naturaleza, orientada a la testosterona, hace que él quiere resolver los problemas de inmediato. Cuando él comprende que escuchar ayuda a resolver el problema más importante, que es elevar los niveles de oxitocina de la mujer, lo puede hacer sin problemas.

Con la práctica, la parte que corresponde a la empatía en el cerebro del hombre comenzará a desarrollarse. Ésta es una capacidad maravillosa del cerebro. Lo que no usamos, lo perdemos. Si desafiamos a nuestro cerebro a aprender, o repetimos el mismo comportamiento, crecen células nuevas y se forman nuevos caminos neuronales. A medida que un hombre practica "Venus habla" con su compañera, crecerá su habilidad para sentir empatía y compasión. Este hombre nuevo trae esperanza para el futuro. No se trata de un hombre que se parece más a una mujer, sino de un hombre que ha aprendido a escuchar con su corazón.

10 Buscar el amor en los lugares apropiados

Para poder convertir tu relación en un santuario que te proteja del estrés con el que te topas por todas partes en tu vida tienes que olvidarte de las expectativas de que tu compañero sea perfecto. Aunque parezca poco romántico no esperar que tu compañero sea perfecto, lo contrario en realidad sí lo es. No hay nada más maravilloso que amar a alguien por lo que es, con todo y fallas. Aprender a sentir y expresar amor verdadero es, en muchos sentidos, la razón por la que estamos en este mundo.

Liberarte de la idea de que tu pareja debe ser la fuente primaria de amor en tu vida es una de las decisiones más inteligentes que puedes tomar. Y no es que te estés conformando con una relación que no te da todo lo que quieres o necesitas; por el contrario, aprenderás a apreciar y agradecer el apoyo que esa relación te puede dar. Reconocer las limitaciones de lo que cualquier persona te puede dar es una actitud realista y saludable que de alguna u otra forma todas las parejas felizmente casadas aprenden a adoptar.

Le quitaremos una enorme carga de encima a nuestra pareja si encontramos amor y apoyo en otras fuentes además de nuestro compañero.

Podemos ver a las diferentes fuentes de apoyo como si fueran vitaminas de amor. El amor romántico que nos da nuestra pareja es sólo un tipo de vitamina. Si tenemos deficiencia de esa vitamina, tomarla significará una enorme diferencia en nuestra salud y bienestar. Pero si tenemos deficiencia de otras vitaminas, también estaremos demasiado enfermos para beneficiarnos con el apoyo que nuestro compañero nos ofrece, sin importar cuánto nos dé.

En lugar de tener la sensación de que tu relación te está privando de algo, puedes apreciar lo que tienes. Este cambio de perspectiva te ayudará a cambiar tu vida. Por ejemplo, si a tu pareja no le gusta bailar, entonces puedes apreciar que tienes amigos a los que sí les gusta. Ésta es la base para hacer que todos tus sueños se vuelvan realidad. Entre más te concentres en tener lo que quieres y necesitas, más obtendrás. Si sigues enfocándote en lo que no quieres es todo lo que serás capaz de ver, y eso será todo lo que obtendrás.

Para vivir la experiencia de la unión es necesario pasar tiempo separados.

Acabarás con tu provisión de energía y aumentarás el estrés en la relación si esperas que tu pareja sea la fuente principal de satisfacción. Cuando aceptas la responsabilidad por tu vida y tu satisfacción, podrás reducir los efectos del estrés en la relación de pareja. Esto no significa que tu vida o tu relación será perfecta, pero sí estarás en mejores condiciones para equilibrar las limitaciones de la relación con todas las bendiciones que te da tu pareja y tu vida.

En este capítulo consideraremos muchas otras fuentes de amor y apoyo que servirán para aliviar el estrés y enriquecer tu vida.

Cómo llenar el tanque

En el caso de las mujeres, una vez que aceptes la responsabilidad de proveerte a ti misma noventa por ciento de tu satisfacción, encargándote de realizar actividades generadoras de oxitocina, lograrás estar casi satisfecha dado que te dará mucho placer llevarlas a cabo . Aunque muchas veces sientas que pasas de una crisis a otra y que no tienes tiempo para otra cosa más en tu excesivamente ocupada vida, realizar cualquiera de las sugerencias que propongo en las siguientes páginas tendrá tal efecto positivo que te sentirás motivada a hacer más. Debes tratar de establecer el equilibrio en tu vida. Cuando te tomes tiempo para ti y para cuidarte, lograrás hacer aún más cosas y reducirás los efectos paralizadores del estrés.

Hay tres cosas que puedes hacer en tu vida que te ayudarán a liberarte del estrés:

- Fomentar tu vida interior
- Construir una red de apoyo
- Vivir bien

Tomar en consideración diferentes formas de enriquecer tu vida te permitirá abrirte a la posibilidad de experimentar una satisfacción total que mantendrá al estrés bajo control

Fomentar tu vida interior

A menos que te aceptes como eres y fomentes lo mejor que tienes, tendrás problemas para construir relaciones profundas y duraderas con otras personas. En las siguientes páginas, consideraremos formas específicas para desarrollar una vida interior más fuerte que haga menos estresante y abrumador el relacionarte con los demás.

Puedes encontrar fuentes de fuerza interior:

- en ti misma
- buscando apoyo espiritual e inspiración
- estableciendo tus prioridades
- en la terapia individual u orientador personal

Fíjate en ti misma

Para aceptar el amor de los demás, primero tienes que amarte a ti misma. Tratarte con cariño, respeto y compasión son los cimientos para sentirse bien. Si no logras generar una sensación de bienestar y autoaceptación, no es realista esperar que tu pareja sea quien te haga sentir bien contigo misma. Su apoyo nunca será suficiente porque primero necesitas tener una visión saludable de ti misma antes de creer en el apoyo que te ofrece otra persona.

Al principio de las relaciones, el simple hecho de estar con un nuevo amor nos hace sentir bien ya que te ves reflejada en los ojos de tu amado. Una vez que la novedad se desvanece, necesitas concentrarte en amarte a ti misma.

Una manera de quererte es hacer por ti cosas que harías por otra persona a la que quieres. Algo más que puedes hacer es tratar a tu cuerpo con mayor cuidado. Comer alimentos deliciosos y saludables es una manera de quererte, como lo es también hacer suficiente ejercicio y dormir lo necesario. No permitir que los demás te maltraten o pasen por encima de ti siempre servirá para que te sientas bien gracias a ti. A medida que te concentres en encontrar las maneras de quererte, abres la puerta para que los demás te puedan querer.

Busca apoyo espiritual e inspiración

El apoyo espiritual o la inspiración, algo muy importante en nuestras vidas, se vuelve aún más significativo cuando estás bajo excesivo estrés. Si no tienes una relación con un poder superior o no luchas para conectarte de alguna manera con tu gran potencial interior, te guiarás por expectativas poco realistas de perfección tanto acerca de tu pareja como acerca de ti misma. Esta exigencia poco saludable de perfección es un síntoma de no aceptar la necesidad de relacionarse con un poder superior, de no concebir tu vida dentro del gran esquema de las cosas. En algunos casos, la terapia o los seminarios de desarrollo personal pueden satisfacer esa necesidad dado que estas actividades te ayudarán a descubrir y creer en tu potencial interior.

Establece tus prioridades

Si no tienes prioridades claras al cuidar y respaldar a tu familia y tu familia es lo primero, es muy fácil creer que tu pareja no te tiene a ti como prioridad. Concéntrate en lo que es más importante y deja de tratar de ser todo para todos. No trates de realizar todos tus propósitos mañana. Sólo cuando tengas claras tus prioridades tendrás la capacidad de recibir más apoyo de tu relación. Los hombres y las mujeres tienen que hacer de la liberación del estrés una prioridad diaria.

Busca terapia individual u orientador personal

Si andas cargando asuntos no resueltos de tu infancia o serios problemas emocionales, es sumamente importante que los resuelvas sin tu pareja. La terapia individual u orientación personal no sólo puede resultar satisfactoria y darte seguridad, sino que también te liberará de ese poco saludable deseo de que tu pareja sea maestro, guía y padre, todo en el mismo paquete.

Las sesiones privadas te darán una oportunidad para ventilar tus pensamientos y sentimientos así como para explorar tus propósitos y estrategias sin tener que preocuparte por lastimar a alguien o por hacerte responsable de lo que digas. Muchas relaciones fracasan porque las personas no tienen con quién más hablar. En estos casos o se reprimen y no hablan de las cosas, o sus pensamientos y sentimientos negativos emergen en los momentos más inapropiados.

Recuerda, se necesitan dos para crear un conflicto, pero sólo uno para empezar a resolver la situación. Cuando te resistes, resientes o rechazas una situación, no sólo pagas las consecuencias de ello sino que inhibes la posibilidad de una resolución y de hacer un cambio positivo. En muchos sentidos, el mundo es un espejo de nuestro ánimo. Si permanecemos deprimidos mucho tiempo, perdemos contacto con nuestra habilidad interior para inspirar a los demás a ser mejores y ayudarlos a cambiar. Y si no podemos cambiar a los demás, por lo menos podemos aprovechar las situaciones difíciles para sacar lo mejor de nosotros. Cuando tienes mayor conciencia de tu aportación al problema, puedes realizar pequeños ajustes en tu actitud y comportamiento que tendrán un efecto mayor en tus relaciones tanto en el hogar como en el trabajo.

Si necesitas hablar y no sabes a dónde ir, puedes recibir ayuda en www.marsvenus.com. Damos asesoría en línea o por teléfono siempre que la necesites. A veces una persona no quiere comprometerse a asistir a una terapia regular pues sólo necesita hablar con un asesor de relaciones capacitado. Un asesor de relaciones Marte y Venus está disponible para el tiempo que lo necesites y cuando lo necesites. Puedes programar una cita regular con sólo llamar en momentos de estrés o confusión.

Construir una red de apoyo

El aislamiento es la principal causa del aumento en el estrés que todo el mundo está padeciendo. Las personas trabajan tanto que tienen menos tiempo para socializar. Las familias están dispersas por todo el país, así que esa red de seguridad que representaba la familia ya no está a la mano para muchos. Los DVD, TiVo y las compras por internet han permitido que las personas se queden en casa, reduciendo al mínimo la interacción con los demás. Las BlackBerries y los teléfonos celulares hacen creer a las personas que están en contacto con los demás, pero la comunicación sólo es digital. Las ciberamistades y los sitios interactivos de internet pueden proporcionar cierto apoyo, pero éste sólo existe en el ethernet. También necesitamos relaciones personales.

El hecho es que hacerlo todo solo no reduce el estrés. Si bien esto es más difícil para las mujeres que para los hombres, ellos también necesitan relaciones personales y apoyo. El aislamiento del mundo puede ejercer demasiada presión en tu pareja. Necesitas disminuir la dependencia de tu pareja y tener contacto humano desarrollando relaciones con otros. Debes acercarte a:

- miembros de la familia
- amigos
- tu trabajo y tus compañeros de trabajo
- tutores
- grupos de apoyo
- otras parejas

Acércate a miembros de la familia

Una de las principales fuentes de estrés en la actualidad, en especial para las mujeres, es la fragmentación de las familias. Es cierto que la familia es importante para los hombres, pero lo es más para las mujeres. Permanecer en contacto y pasar tiempo con la familia es bueno para el alma de la mujer. Si descuidas esta necesidad, esperarás que sea tu pareja la que llene este vacío.

Los padres dan un cierto tipo de apoyo especial que te mantiene unida a tu pasado y a tu historia. Este apoyo crea una sensación de pertenencia y seguridad. Si no tienes este cimiento, buscarás apoyo paternal en tu pareja o te puedes comportar como padre de tu pareja. Buscar en tu pareja el sustituto paternal funcionará sólo al principio, pero el resultado será que acabarás con el romance y la pasión.

Si buscas apoyo paternal y no lo puedes recibir de tus padres por cualquier razón, entonces busca un terapeuta. Recurrir a un terapeuta o a un orientador personal es la forma más apropiada para satisfacer eso que faltó en tu infancia.

Acércate a tus amigos

Si no te tomas el tiempo necesario para crear y cuidar amistades, esperarás que tu pareja llene ese vacío. Es importante satisfacer la necesidad de tener amigos; de otra forma dependerás demasiado de tu pareja. Las mujeres quieren que sus compañeros sean tan conversadores como sus amigas, y los hombres esperan que sus compañeras sean tan ligeras y poco exigentes como sus amigos. Muchas parejas que pierden la pasión sienten que su compañero es su mejor amigo o amiga. Sería mejor que buscaran una amistad fuera de la relación. También podemos ser buenos amigos de nuestros compañeros, pero una distancia saludable permite la presencia y continuidad de sentimientos de atracción.

Acércate a tu trabajo y a tus compañeros de trabajo

Si tienes suerte, lo que haces para ganarte la vida también puede ser tu pasión. Pero aunque tu trabajo no sea tan satisfactorio, al menos tienes que entablar relaciones con tus colegas, clientes y con todos los que trabajan en lo mismo que tú. Participa en organizaciones profesionales, en grupos de oficina y en eventos para recaudar fondos para ampliar tu base de apoyo.

Si no trabajas fuera de casa, hay mucho que puedes hacer para ayudar a tu comunidad y a diversas asociaciones de caridad. Así, trabajarás con otros con el objetivo común de ayudar a los menos afortunados, esto te ayudará en gran medida a aumentar tus niveles de oxitocina y testosterona.

Cuando no tienes en tu vida un trabajo que te resulte importante, esperas que tu pareja haga de tu vida algo significativo. La pareja romántica nunca será un sustituto de tu necesidad de hacer algo en el mundo. Es muy importante que sientas que de alguna forma contribuyes al bienestar de los demás. Este tipo de actividades te harán sentir conectado con el mundo y reforzarán tu autoestima. Si no sientes que eres valorado fuera de tu casa y familia, dependerás de tu pareja para sentirte bien. Así, las mujeres empezarán a sentir que no son importantes para sus compañeros y los hombres se volverán más temperamentales.

Acércate a un tutor

Busca una persona mayor en la que confíes para que te dé consejos. Ya sea que se trate de un contacto profesional o social, ese tutor habrá pasado por mucho y te beneficiarás con sus experiencias. El tutor debe ser capaz de darte consejos prácticos así como proporcionarte una perspectiva más serena de las vicisitudes de tu vida. Si no contamos con un tutor en nuestras vidas, tendemos a culparnos demasiado por no tener todas las respuestas o nos lamentamos porque nuestra pareja no tiene más sabiduría.

Acércate a un grupo de apoyo

Uno de los estimulantes hormonales más potentes en nuestra vida pueden ser los grupos de apoyo con miembros del mismo sexo. Los grupos de apoyo para mujeres producen un gran efecto positivo en los niveles de oxitocina de la mujer debido a que en ellos se busca cuidar y entablar amistades para reducir el estrés. El simple hecho de estar juntos aumenta los niveles de oxitocina de la mujer. Programar unas cuantas horas a la semana para compartir lo que sucede en tu vida con una amiga hace una gran diferencia. Puedes asistir también a un grupo de lectura o para jugar bridge. O ir con amigas a una clase de aeróbics y pasar a tomar un café después. Todos estos intercambios son importantes para llenar tu tanque de satisfacción.

En la actualidad las mujeres no cuentan con la estimulación hormonal que se genera cuando comparten, se comunican, se compadecen y cooperan con otras mujeres en un contexto que no tiene que ver con el trabajo. El simple hecho de hablar sobre lo que pasa en la vida sin tener que arreglar o resolver nada es una de las cosas más útiles que las mujeres pueden hacer. La expectativa de una reunión con otras mujeres ya es suficiente para mantener altos niveles de oxitocina.

El mundo suele darle al hombre este tipo de apoyo, pero el grupo de apoyo de un hombre puede darle, además, la oportunidad de expresar lo que ocurre en su vida sin tener que reprimirse. Ir al cine con amigos, participar en un equipo deportivo o simplemente asistir a un evento con "los cuates" puede estimular la producción de testosterona. Por el contrario el hecho de estar con mujeres o con su compañera durante mucho tiempo en realidad reduce su nivel de testosterona. Tal vez empiece a sentirse cansado cuando está en su presencia o que no puede respirar con libertad. No es culpa de ella. Sólo se debe a que un hombre llega a agotarse si no se renueva pasando algún tiempo con otros marcianos.

Acércate a otras parejas

Compartir momentos como pareja con otras parejas también es buena idea para la relación. Tiene muchos beneficios. Te permite estar en presencia de tu pareja y verla a través de los ojos de los demás. Esto aumenta la sensación de novedad.

Cuando pasas tiempo con otras parejas, cuentan viejas anécdotas y comentan lo que les pasa en la vida. Normalmente no es algo de lo que tú hablarías porque tu compañero ya conoce las historias de tu vida. Dado que tus amigos aún no escuchan todo lo que te ha sucedido, se estimula una sensación de novedad en todos.

Hablar sobre temas de actualidad, películas y arte con otras parejas amplía tus perspectivas e intereses. Escuchar a tu pareja expresar sus opiniones a los demás te ayudará a apreciar aún más su punto de vista.

Hablar con la misma persona a lo largo de varios años hace que las respuestas sean predecibles. Las conversaciones con otros provocan nuevas opiniones e ideas. Aunque estés hablando con otra pareja, las opiniones que tú expreses también serán una revelación para tu pareja.

Vivir bien

Una vez que amplías la base de tus contactos para llenar tu tanque de satisfacción sin depender de tu pareja, puedes reflexionar sobre tu vida. Entre más cosas hagas que te gusten en la vida, más interesante serás. A medida que te llenes con más cosas que abran tu mente y tu corazón, sentirás más energía y entusiasmo. El estrés no podrá alterar tu punto de vista o quebrar tu espíritu. Si quieres vivir una vida feliz que no se vea afectada por la tensión y el estrés, pon atención en:

- lo que comes, cómo haces ejercicio, cuánto duermes
- tu agenda
- descansar, divertirte, en practicar aficiones y tomar vacaciones
- ocasiones especiales para la comunidad

- seguir con tu educación
- dar apoyo incondicional a los niños, gente de bajos recursos o a una mascota
- libros, películas, obras de teatro, arte y televisión
- asesoría externa

Pon atención en lo que comes, cómo haces ejercicio y cuánto duermes

Las personas que no llevan una dieta o plan alimenticio sano experimentan cambios de estado de ánimo, ansiedad y depresión. Comprender qué alimentos hay que comer para tener una buena salud puede hacer toda una diferencia en tu forma de lidiar con el estrés.

El simple hecho de omitir ciertos alimentos ayuda a reducir la fatiga y el estrés en unos cuantos días. También hay ciertos minerales que de inmediato ponen a actuar a los químicos del cerebro como la dopamina y la serotonina. En mi último libro, *Marte y Venus: el libro de la dieta y el ejercicio*, presento un programa detallado para que los hombres y las mujeres tengan asegurada una salud excelente.

Comer lo correcto y tomarse tiempo para hacer ejercicio hará una gran diferencia en tu autoestima y bienestar. Incluso hacer ejercicio moderado algunas horas a la semana puede hacerte sentir bien contigo mismo. Además de motivar el bienestar, el ejercicio a primera hora de la mañana te ayudará a dormir mejor en la noche. Y todos sabemos lo bien que nos sentimos cuando dormimos adecuadamente.

Para las personas que necesitan más apoyo para hacer ejercicio, tengo un DVD en el que yo mismo hago la rutina de los Ejercicios Marte y Venus. Puedes averiguar más sobre la dieta y este programa de ejercicios especialmente diseñado en www.marsvenus.com o en mi Programa Marte y Venus de renovación de la relación (Mars and Venus Relationship Makeover Program).

Para restaurar los niveles hormonales óptimos y para que nuestros cuerpos se recuperen del estrés diario, necesitamos dormir por lo menos ocho horas en la noche. Los que así lo hacen viven más tiempo y más sanos.

213

Debido a que estamos expuestos a tantas toxinas químicas en el aire, el agua, los alimentos y nuestro medio ambiente, necesitamos darle a nuestros cuerpos la oportunidad de limpiarse a nivel celular. Cuando logramos liberarnos de toxinas, las células no sólo reciben más nutrientes sino también oxígeno. Esto te proporciona más energía, y el aumento en la oxigenación de las células puede eliminar, además, muchas enfermedades peligrosas.

Una limpieza es una de las prácticas de curación más antiguas de la historia. Todas las culturas y religiones contemplan algún proceso de limpieza o de ayuno que debe realizarse con cierta periodicidad. La necesidad de una limpieza es todavía más importante hoy en día debido a la cantidad de toxinas a las que estamos expuestos.

> *La necesidad de una limpieza es todavía más importante hoy en día debido a la cantidad de toxinas a las que estamos expuestos.*

Si te encargas de tus necesidades físicas y te cuidas y proteges, de inmediato te sentirás más positivo sobre ti mismo y tu vida. Te sentirás como un ganador, con mucho amor y energía para compartir. Si quieres saber más sobre la reducción del estrés y la limpieza celular ve al "Apéndice A. Reducir el estrés mediante una purificación celular".

Pon atención a tu agenda

Cuando dejas de tomarte tiempo para ti mismo, sientes que es tu compañero quien no te dedica suficiente tiempo. Si tú eres el primero que no está disponible para ti, no esperes que alguien más lo esté. En un estado ideal de cosas, las parejas ocupadas deberían sentarse con un calendario para programar momentos juntos. Al programar momentos especiales en el calendario, una mujer puede recordar que no está sola y hay algo agradable que la espera en un futuro cercano. Para el hombre, la programación es lo más importante; de otra forma, con toda facilidad se le olvida que necesita tiempo para disfrutar de su relación. Se distrae demasiado en resolver el problema de proveer a su familia y se le olvida pasar un tiempo con ellos. No se da cuenta de lo rápido que pasa el tiempo y cuánto se necesita y aprecia su presencia.

Pon atención en descansar, divertirte, practicar aficiones y tomar vacaciones

Cuando no dedicas tiempo a tu relajación y recreación, puedes esperar de forma injusta que tu pareja sea quien te entretenga o haga divertida tu vida. Cuando la vida se vuelve plana o aburrida, culpas a tu pareja en lugar de encontrar la manera de divertirte. Ya sea ir de pesca, andar en bicicleta, jugar póquer o cultivar abejas, los hombres usualmente tienen algún tipo de afición que les ayuda a olvidarse del trabajo. Las mujeres necesitan vacaciones o salidas para escaparse de todas las cosas que les recuerdan lo que tienen que hacer. Salir a comer es útil para una mujer porque se olvida de la presión de tener que planear la comida, hacer las compras, cocinar y luego limpiar. Aunque estas labores son una fuente de satisfacción, ella también necesita un descanso.

Pon atención en las ocasiones especiales para la comunidad

Sucesos como reuniones familiares, cumpleaños, bodas, aniversarios, fechas religiosas o espirituales y celebraciones como desfiles, ferias, bailes y conciertos públicos satisfacen tu necesidad de sentirte especial. También nos ayudan a compartir los buenos sentimientos con los demás. Si no tienes estas experiencias de manera regular, dependerás demasiado de tu pareja para sentirte especial. No puedes esperar que el romance se encargue de todo.

Pon atención en seguir con tu educación

Una fuente importante de novedad en la vida es seguir aprendiendo. El aprendizaje de nuevas cosas no sólo promueve la producción de hormonas reductoras del estrés, sino que estimula el crecimiento de las células cerebrales y de nuevas conexiones neuronales.

Tomar una clase en una universidad local o en una comunidad espiritual, o asistir a un seminario de desarrollo personal, puede aumentar tus niveles de energía.

Además de la novedad que representa aprender cosas nuevas, también te ayuda a desarrollar nuevas aptitudes. Tomar una clase para aprender una nueva destreza seguramente significa incorporar algo ameno en tu vida. Puedes tomar clases de cocina, de baile, de karate, de poesía o para escribir tu autobiografía, de pintura o de dibujo.

Cuando estudias algo nuevo, entras a un estado positivo de conciencia, que es cuando eres principiante. Una de las razones por las que los niños tienen tanto amor, energía y vitalidad es que todo es novedoso para ellos. Cuando tomas clases y aprendes de otros que han dedicado su vida a un área novedosa para ti, se abre todo un mundo nuevo. Verás a tu pareja con nuevos ojos y apreciarás más cualidades para amar y admirar, igual que al principio de tu relación.

Pon atención en dar apoyo incondicional a los niños, gente de bajos recursos o a una mascota

Todos tenemos la necesidad de dar y recibir amor y apoyo incondicional. Dar de manera incondicional significa afirmar tu abundancia interior. Hacerlo te recordará que tienes un lugar en el mundo y que puedes hacer cosas importantes. En última instancia, estamos aquí para servirnos unos a otros por medio del amor y la justicia. Se trata de una verdad que con frecuencia olvidamos debido a las presiones del mundo real. Uno de tus desafíos es recordar esta visión inocente de la vida e integrarla a tu manera de vivir lo mejor que te sea posible.

Dar de manera incondicional es lo más apropiado cuando lo diriges a aquellos que nos necesitan más y tienen poco que darnos excepto amor. El cuidado de niños, de una mascota, de los pobres o de los discapacitados no sólo te permitirá ayudar a los que más pueden apreciar lo que tienes que ofrecer, sino que te permitirá sentir la alegría de dar sin condiciones.

Una de las razones por las que la relación de pareja es tan maravillosa al principio es porque das de manera muy generosa. Das libremente porque supones que lo recibirás todo de regreso. Cuando no recibes lo que esperabas, empiezas a reprimirte o a sentir resentimiento hacia tu pareja porque te da menos. En esos momentos, la fuente real de tu dolor es que dejaste de dar de manera incondicional.

> *Nuestro mayor dolor es cuando dejamos de dar libremente.*

Dar de manera consciente a los que no nos pueden dar algo a cambio es un recordatorio de la alegría de dar de manera incondicional. Recuperas el sentido de plenitud y nuevamente estás dispuesto a dejar que tu corazón se abra en tu relación y en tu vida.

Pon atención en libros, películas, obras de teatro, arte y televisión

Una gran fuente de novedad y estímulo es la lectura, ver películas y televisión o ir a ver obras de teatro. Asegúrate de tomarte el tiempo para tener la motivación y el entretenimiento que necesitas para liberarte de la expectativa de que tu pareja debe entretenerte.

Una buena película de acción o de aventuras puede estimular la producción de testosterona en el hombre, así como una comedia romántica o película juvenil puede hacer maravillas para aumentar el nivel de oxitocina en una mujer. Una manera de reducir el estrés es acurrucarnos con un buen libro, leer te lleva a otro mundo o te presenta ideas nuevas. Asistir a exposiciones de arte o presentaciones de música o danza puede elevar tu espíritu recordándote lo que los seres humanos podemos lograr.

Escuchar historias de los demás aumentará la conciencia que tienes de ti mismo y de tu historia personal. Esto te liberará de convertir a tu pareja romántica en el centro de tu vida, excluyendo otras formas de amor y apoyo. En este sentido, los pasatiempos te recuerdan que debes buscar amor en los lugares apropiados.

Pon atención en asesoría externa para aliviar el estrés

Con tantas cosas por hacer y tan poco tiempo para hacerlas, no es realista que las parejas esperen llevar un hogar, como lo hicieron sus padres, sin ayuda de terceros. Tener más cosas por hacer, que energía o tiempo, genera estrés tanto en las mujeres como en los hombres. Él no puede esperar que ella lo haga todo. Y si él no tiene energía de sobra al final del día para llenar el vacío de ella, entonces deben conseguir ayuda externa. Sin ésta, ambos estarán demasiado estresados para sentirse bien. Hay que mantener en mente que cuando las mujeres se encargaban de la cocina y la limpieza no salían a trabajar todos los días. Así como un hombre necesita descansar al final del día, la mujer también lo necesita. Contratar a terceros puede ser de gran ayuda cuando las parejas están demasiado ocupadas o agotadas para hacerlo todo.

El ritmo de la vida en la actualidad es tal que también las mujeres que hacen labores del hogar necesitan ayuda. Muchas dedican varias horas al día llevando a los niños a diversas actividades. El "niño con agenda saturada" es una realidad en la actualidad, y las mujeres pasan un asombroso número de horas manejando para llevar a sus hijos de un evento a otro. Estas mujeres merecen buscar ayuda para poder tener algún tiempo personal.

Si las mujeres pasan muchas horas fuera del hogar ganando dinero, una gran porción de sus ganancias debe destinarse a contratar un servicio de limpieza o la tintorería. Si el trabajo principal de la mujer es encargarse del hogar, es probable que también necesite ayuda. Si no cuenta con este apoyo, se sentirá agobiada con facilidad y entonces ejercerá presión innecesaria en su pareja para recibir ayuda. Él ya estará cansado después de trabajar todo el día, y esperar más energía de la que tiene sólo provocará un distanciamiento.

Tienes todo lo que necesitas, siempre lo has tenido

Buscar el amor en los lugares apropiados es una de las mejores estrategias que conozco para que las parejas hagan realidad sus sueños. No hay nada más maravilloso que sentir que tienes más para dar y que tu tanque no está vacío. Pero debes tener cuidado al seguir esta estrategia.

Aunque obtengas amor y apoyo de tus amistades, también tus amistades pueden ponerse en contra tuya y de tu relación si no lo haces con la actitud adecuada. Así, puedes buscar el apoyo de un amigo en contra de tu pareja. A continuación, damos algunos ejemplos de cómo puedes darle mal uso al apoyo que recibes del exterior e incrementar el estrés con tu pareja:

- "Mi amiga me acepta como soy. ¿Por qué tú no?"
- "En el trabajo todos piensan que soy brillante, pero tú nunca estás de acuerdo conmigo."
- "Fue una exposición maravillosa. Hubieras venido para que la disfrutáramos juntos."
- "Me gusta tanto la jardinería. Ojalá a ti te gustara tanto como a mí."
- "Sé que no te gustan las películas de acción, pero la esposa de Bill lo acompaña a verlas."
- "El esposo de Carol es muy buen cocinero. Me gustaría que tú también ayudaras en la cocina."
- "Ir al mercado de productos frescos es una maravillosa experiencia comunitaria. Si tan sólo la compartieras conmigo... No me gusta ir sola."
- "Me la pasé tan bien en la clase de baile... Pero no sé para qué pierdo el tiempo aprendiendo, cuando lo único que tú haces es sentarte frente al televisor."
- "Qué atardecer más maravilloso, y tú ni te has fijado. Estás demasiado ocupado llamando por teléfono."
- "Mira a esa adorable pareja. Recuerdo cuando tú me abrazabas así."

Cada uno de estos comentarios pone énfasis en lo que no estás recibiendo de tu pareja, ignorando el apoyo que sí recibes. En lugar de sentirte agradecido y satisfecho por lo que te da el mundo, puedes hacer esta clase de comentarios para acentuar lo que crees que te falta. En vez de tener algo que darle a tu pareja en casa, tienes menos. En algunos casos, entre más recibas del mundo, más resentimiento sentirás porque tu pareja no te brinda ese mismo apoyo.

Es doloroso sentir que no recibes lo que mereces, pero también se siente muy mal ser tratado como si debieras mucho. A nadie le gusta sentirse en deuda. Los sentimientos de estar en deuda pueden arruinar las amistades y matan el romance.

> *Los sentimientos de estar en deuda pueden arruinar las amistades*
> *y matan el romance.*

Todos merecemos mucho más de lo que obtenemos. Así es la vida. Tu tarea es abrir tu corazón para identificar dónde puedes obtener el apoyo que necesitas. La vida es un descubrimiento continuo para darte cuenta de que lo tienes todo y siempre lo has tenido. En este momento tienes todo lo que necesitas para dirigirte hacia donde puedes obtener más de lo que te mereces. Te limitas demasiado si esperas que tu pareja lo haga todo.

> *La vida es un descubrimiento continuo para darte cuenta de que lo tienes todo*
> *y siempre lo has tenido.*

Tu felicidad en la vida y en el amor depende de las cosas en las que decides fijar tu atención y en lo que deseas crear.

Conclusión: crear una vida de amor

Para crear una vida de amor, pasión y atracción, debemos enfrentarnos primero al estrés. El romance no es posible si estamos tensos, cansados o agobiados. Antes de concentrarnos en la creación del romance hay que reducir el estrés.

Las mujeres desean el romance porque éste es el más potente productor de oxitocina. En todo el mundo, conforme más mujeres consiguen su independencia financiera, han aumentado de manera dramática sus necesidades románticas. Las mujeres exitosas otorgan un gran valor al romance. La producción de oxitocina que genera el romance es un poderoso antídoto contra el estrés del trabajo en un mundo labor orientado a la producción de testosterona.

Incluso las mujeres más autosuficientes de la actualidad reconocen que tienen la necesidad de sentir el amor romántico de un hombre. Halagos, afecto, atención, cortesías, flores, citas, regalos, sorpresas, cenas a la luz de una vela y hacer el amor es tan importante como siempre, si no una prioridad aún mayor.

Como hemos visto, un hombre puede llegar muy lejos con una mujer si aprende a decir cosas como "Te amo" y planeando veladas ocasionales o salidas románticas. Este tipo de apoyo aumentará los niveles de oxitocina de la mujer y reducirá su estrés.

En lugar de esperar que un hombre piense en romance, la mujer debe recordar que él viene de Marte y que tiende a pensar en términos de proyectos con un principio y un final. Una vez que él logra ser romántico cree que ya no tiene que hacer más. Para asegurarte de que tu compañero siga satisfaciendo tus necesidades románticas, no debes esperar que lo recuerde. Si bien es más romántico que lo haga por sí mismo, cuando no lo hace depende de ti recordárselo.

Uno de los principales obstáculos al romance duradero es que las mujeres tienen toda una diversidad de deseos, anhelos y necesidades, pero no los expresan. Los hombres necesitan escuchar peticiones claras, amistosas y breves. Al principio, el hombre no tiene que escuchar las necesidades y peticiones porque su propósito es que ella sepa que puede contar con él. Piensa constantemente en cómo comunicar ese mensaje. Más adelante, en la relación, él asume que ella está obteniendo lo que quiere si no pide más. Por otro lado, si ella se queja de que él no hace suficientes cosas, no se siente romántico en lo más mínimo. En Marte, es casi imposible sentirse romántico cuando alguien se está quejando de que no eres suficiente. Recuerda: el éxito y no el fracaso es lo que estimula la producción de testosterona.

> *Al principio las mujeres no tienen que pedir porque los hombres*
> *están dispuestos a gratificarlas.*

En Venus siempre es difícil para una mujer pedir lo que quiere, pero pedir romance es aún más difícil. Se trata de una nueva destreza, pero que es necesario aprender. Cuando ella se siente ignorada y menos importante que el trabajo de su pareja, le resulta más difícil pedir lo que quiere, especialmente cuando lo que quiere es romance. La única forma en la que las mujeres saben cómo pedir algo es quejándose. Desafortunadamente, este estilo es contraproducente y acaba con el romance. La mayoría de las mujeres que se quejan ya saben que no va a funcionar, pero no saben qué otra cosa pueden hacer. Ahora descubrirán una manera que sí funciona.

Maneras para pedir romance

Recuerda: es muy importante acercarse al hombre de manera positiva y apreciativa. A continuación, algunos ejemplos de cómo las mujeres pueden pedir romance:

- "Hay una obra nueva en la ciudad. Me encantaría si organizaras una cita para que la podamos ver. Tengo ganas de salir, sólo tú y yo."
- "Va a haber un concierto dentro de poco y tengo boletos. ¿Podrías ponerlo en tu agenda y llevarme, por favor?"
- "Mi amiga Carol me ha invitado a una fiesta. ¿Me llevarías, por favor? Sé que las fiestas no te gustan mucho, pero me daría tanto gusto que fueras."
- "Hoy fue un gran día y me gustaría celebrar. ¿Harías unas reservaciones para que salgamos a cenar?"
- "Estuve leyendo acerca de una playa que está cerca de Muir Woods. Vayamos el sábado. Puedo preparar comida. ¿Nos llevarías?"
- "Hoy me corté el cabello. Me gusta cómo quedó. Sé que los cortes de cabello no son importantes para ti, pero me siento tan bien cuando te fijas y dices algo al respecto. La próxima vez: ¿podrías decir algo sobre cómo me veo?"
- "Cuando veas que me arreglé para ir a una fiesta, ¿podrías decirme si te parece que me veo hermosa? Sé que sí, pero se siente bien escucharlo de tu propia boca."
- "Compré estas dos velas. Pensé que podría ser divertido prender una si me siento con ánimo de hacer el amor o tú la puedes encender si tú te sientes con ánimo y yo podría encender la otra para decirte que estoy lista."
- "¿Te encargarías de lavar los platos hoy, por favor? No puedo hacer ni una cosa más, y me gustaría darme un baño de espuma."
- "Pienso ir a una exhibición de la Sociedad de Historia. Estaría bien ir sola, pero me encantaría mucho más si me acompañas."

- "A veces extraño que me digas que me amas. Sé que así es, pero es muy agradable escucharte decirlo."
- "Vayamos más despacio. Estoy disfrutando esto."

Como puedes ver, cada una de estas peticiones es directa, breve y positiva. No hay una lista de quejas que acompañe la petición de apoyo. Entre menos palabras se usen, más fácil será para él hacer algo y darle el apoyo que ella pide.

El amor conquista todo

Para mantener vivo el amor y la pasión, se necesita más que repetir lo que ya una vez funcionó en el pasado. Debes aprender nuevas destrezas y comportamientos para reducir el alto nivel de estrés que hay en tu vida y parte del cual se debe al cambio en las funciones que desempeñan los hombres y las mujeres.

A menos de que nos adaptemos aplicando las estrategias descritas en *¿Por qué chocan Marte y Venus?*, con toda seguridad nuestro destino será el divorcio o la enfermedad. No basta con reaccionar a los cambios que tienes que enfrentar. Debes hacerte responsable de ti mismo y de manera repetida y dinámica corregir la dirección en la que vas. Tienes que trabajar con tu pareja y tu biología para reducir el estrés en tu vida.

No puedes sólo comportarte y reaccionar según como te sientas ese día. Para amar a alguien, debes elegir de manera deliberada y con sabiduría qué hacer y cómo hacerlo. Cuando haces que tu pareja sea más importante que tus sentimientos de malestar, sentirás más amor y unión.

El amor es más que un sentimiento. Es una actitud primordial que organiza lo que queremos hacer y cómo decidimos responder para estar al servicio de aquellos a los que queremos. En última instancia, no debemos dar amor para obtener lo que queremos. Por el contrario, el amor es la recompensa en sí.

Satisfacción interior

Si puedes aprender a reducir tus niveles de estrés experimentando satisfacción interior con independencia de tu pareja, entonces puedes recuperar esos maravillosos sentimientos que experimentase al principio de tu relación. Si aplicas lo que aprendiste en estas páginas, puedes sobreponerte al estrés con el que tú y tu pareja se confrontan todos los días. Si cuentas con nuevas estrategias que partan de la comprensión de nuestras diferencias hormonales, podrás vencer la tendencia, cada vez mayor, de los hombres a ser más pasivos y de las mujeres a ser más exigentes.

> *Juntos podemos vencer la tendencia, cada vez mayor,*
> *de los hombres a ser más pasivos y de las mujeres a ser más exigentes.*

Aprender estos nuevos métodos para lidiar con el estrés te preparará para mantener o despertar otra vez tu respuesta romántica. Durante este proceso, es vital recordar que estos comportamientos de confianza y atención son automáticos en una relación que inicia pero cambian con el paso del tiempo. Esperar que el romance sea automático en relaciones a largo plazo sólo puede garantizar el fracaso y el rechazo. Aguardar que tu pareja repita esos comportamientos es muy poco realista si además está estresada.

La ironía en las relaciones es que en el principio de ellas hacemos de manera instintiva las cosas que estimulan altos niveles de testosterona en los hombres y de oxitocina en las mujeres pero, con el paso del tiempo, nos resistimos a hacer justo las cosas que nos hacen sentir bien.

Estudia la tabla siguiente para recordar cómo nuestro comportamiento afecta a nuestros compañeros:

MARTE AL PRINCIPIO Y DESPUÉS:	VENUS AL PRINCIPIO Y DESPUÉS:
Él planea citas. / Él se espera para saber qué quiere hacer ella.	Ella está encantada con sus planes. / Ella quiere mejorar sus planes.
Él está interesado en lo que ella hizo durante el día. / Bajo el supuesto de que él ya sabe cómo estuvo su día, sólo le dice hola y se pone a leer las noticias.	Ella habla sobre los problemas del día. / Ella expresa sentimientos o quejas acerca de él o su relación.
Él la halaga y hace gestos que le garantizan que es amada. / Bajo el supuesto de que ella ya sabe que él la ama, deja de hacerlo.	Ella comparte sus intereses y preocupaciones. / Bajo el conocimiento de que él tratará de resolver las cosas, ella comparte sus intereses y preocupaciones acerca de él.
Él comparte sus esperanzas, planes y sueños. / Para evitar críticas o correcciones, se las guarda.	Ella admira sus ideas y planes. / En un intento por ayudarlo, le señala lo que está mal o lo que falta en sus planes.
Él tiene una diversidad de detalles con ella que la hacen feliz. / Él sólo se preocupa de cosas importantes como ganarse la vida y ser un buen proveedor.	Ella disfruta al hacer cosas para él. / Ella se siente agobiada por lo mucho que tiene que hacer.
Él se toma su tiempo en el sexo para que ella quede satisfecha. / Él asume que ella no necesita o no quiere más tiempo.	Ella disfruta del sexo. / Ella está demasiado cansada, agobiada o estresada para tener relaciones sexuales.
Él está interesado en sus opiniones. / Él se aleja porque ya lo ha escuchado todo antes.	Ella aprecia la manera en la que él hace las cosas. / Ella ofrece ayuda y consejos que no se le han pedido.
Él planea citas, salidas y vacaciones. / Él quiere saber qué quiere hacer ella porque pareciera que tiene demasiadas cosas por hacer.	Ella disfruta del tiempo que dedican a hacer cosas divertidas. / Ella se resiste a tomarse un tiempo porque tiene tantas cosas por hacer.
Al principio él le brinda mucho apoyo y atención. / A medida que ella le da tanto a cambio, él asume que ya recibió lo suficiente y deja de dar.	Ella da y recibe con toda libertad al principio. / Cuando ya no recibe tanto, da más en vez de pedir más o tomarse tiempo personal.
Él toma riesgos y planea cosas nuevas. / Él se vuelve más sedentario y hace menos, o repite las mismas actividades.	Ella aprecia su pasión. / Ella apaga su pasión señalando los errores que él ha cometido en el pasado.

226

MARTE AL PRINCIPIO Y DESPUÉS:	VENUS AL PRINCIPIO Y DESPUÉS:
Él la llena de amor y afecto. / Él comienza a dedicarse por completo a su trabajo.	Ella con plena felicidad le da su amor y apoyo incondicional. / Cuando su apoyo no es correspondido, ella siente que ya no se le da importancia y siente rencor.
Él le lleva flores. / Dado que él está haciendo las cosas importantes como proveer y ser fiel, él asume que no tiene que cumplir con los detalles.	Ella lo acepta tal como es. / Ella espera que él sepa y haga ciertas cosas. Si ella tiene que pedirlo, entonces lo que él haga no cuenta.

Cuando estamos en la etapa de la luna de miel, es fácil ignorar el estrés que padecemos. Una vez que pasa la novedad del amor, es inevitable que nos volvamos vulnerables al estrés abrumador. Si sólo logras recordar que el comportamiento amoroso inicial de tu pareja era una pequeña muestra de cómo sería su vida juntos, sentirás de nuevo esperanza en lugar de desesperación. Una visión de esto debería motivarte a asumir la responsabilidad de tu felicidad sin culpar a tu pareja. Esta actitud te permitirá dar todo tu amor de manera incondicional.

> *Una vez que pasa la novedad del amor, es inevitable que nos volvamos vulnerables al estrés abrumador.*

El mayor atributo de una mujer es la habilidad de reconocer el potencial de algo o de alguien. Cuando se siente bien, puede ver todo lo bueno que hay en los demás, pero cuando está estresada, sólo ve lo que está mal o lo que puede salir mal.

Cuando una mujer se enamora, en realidad lo hace hasta cierto grado del potencial de un hombre. Si, con el tiempo, se estresa, puede perder esa imagen y se siente desesperada. Sin esperanza, tanto el hombre como la mujer pierden contacto con su capacidad para amar de forma libre.

En lugar de sentir resentimiento hacia nuestras parejas, debemos con-

227

centrarnos en reducir el estrés y sentirnos bien de nuevo. A medida que nos sentimos mejor, es más fácil ayudar a nuestra pareja a sobreponerse al estrés que padece en su vida. A veces, lo único que se necesita para que un hombre se sienta mejor y dé más en su relación es que sienta que él puede, con toda facilidad, hacer feliz a su pareja. Cuando todo lo que él necesita hacer es poner la cereza sobre el pastel, su disponibilidad es mayor.

Hacer lo que funciona

Si se agota la testosterona del hombre, estará demasiado estresado para planear una cita. En pocas palabras, no tiene ganas. Él no se da cuenta de que si planeara una cita, desaparecería una gran porción de su estrés. La planeación de citas realmente elevaría su nivel de testosterona.

En el trabajo, el hombre no piensa dos veces en hacer las cosas que no tiene ganas de hacer. Las hace porque son necesarias para completar su trabajo. Su proceso de pensamiento es el siguiente: "No lo quiero hacer, pero si es necesario, entonces estoy más que dispuesto para hacerlo". Puede tratar de aplicar esta misma idea en su relación una vez que se da cuenta de qué es lo necesario. Si quiere conservar viva la pasión y la atracción, tiene que hacer ciertas cosas aunque no tenga ganas.

> *Si quiere conservar viva la pasión y la atracción,*
> *el hombre tiene que hacer ciertas cosas aunque no tenga ganas.*

Cuando la oxitocina se agota en una mujer, ella se siente demasiado agobiada para salir a una cita romántica. Pero si deja que su hombre sea quien la planee, aunque la cita no sea exactamente lo que ella quisiera, comenzará a sentirse relajada y feliz. Si ella permite que él se encargue de su bienestar, su estrés será menor y volverá a sonreír. Quizá la película o el restaurante no sean del todo de su agrado, pero apreciará el hecho de que él haya tomado la iniciativa de planear y encargarse de su bienestar.

Despidiéndose del romance

Las estadísticas indican que los hombres que se divorcian se casan nuevamente dentro de los siguientes tres años, pero las mujeres se tardan un promedio de nueve años para volverse a casar. Esta estadística sólo contempla a las mujeres que se vuelven a casar. Son muchas más las mujeres y los hombres que ni siquiera lo intentan. Sienten, de diferentes maneras, que el matrimonio es más problemático que beneficioso. Si una mujer es independiente económicamente, es menos probable que vuelva a casarse. Por el contrario, muchas mujeres deciden vivir solas. En algunos casos son más felices que antes, pero aun así se pierden de la oportunidad de tener más en sus vidas.

Estas mujeres piensan, erróneamente, que la única razón por la que son más felices es porque no tienen que preocuparse por una pareja que no desea entregarse. Pero la razón real por la que una mujer es más feliz, es porque dejó de esperar que un hombre la haga feliz y por fin ha asumido la responsabilidad de su propia felicidad. Si partimos de este nuevo entendimiento, en lugar de pedir el divorcio para descubrir esta capacidad interior, una mujer puede seguir casada y contar con el bono adicional de tener una pareja que no sólo se enriquece por el hecho de que ella esté satisfecha sino que se regocija por la felicidad de ella.

Las mujeres divorciadas son más felices porque finalmente asumieron la responsabilidad de su propia felicidad.

Las mujeres que viven solas y felices han realizado un ajuste importante. Se han olvidado de la expectativa de que es necesario un hombre para ser feliz. El problema es que también han cerrado la puerta a la posibilidad de contar con una pareja romántica que las puede llevar de ser feliz a ser muy felices, y de sentirse bien a sentirse muy bien.

Reconocer lo que es más importante

Cuando alguien muere inesperadamente, una causa del dolor que sentimos es el arrepentimiento de no haberle mostrado a esa persona lo importante que era para nosotros. Es como si de repente nos despertáramos y nos diéramos cuenta de las cosas importantes en la vida.

Nadie que está en su lecho de muerte piensa en los errores que cometió en los negocios. Por el contrario, pensamos en la calidad de las relaciones cercanas. Nuestra mayor felicidad y tristeza proviene de las experiencias y decisiones que tomamos sobre las relaciones con nuestros seres queridos.

Un síntoma que delata el aumento en el estrés es la falta de perspectiva sobre lo que es más importante en la vida. Crear tiempo para amar a nuestro compañero y a nuestra familia es uno de los grandes lujos de la vida, pero aun así muchas veces no nos damos cuenta hasta que es demasiado tarde, hasta que ya no existe la oportunidad.

> *Un síntoma que delata el aumento en el estrés es la falta de perspectiva sobre lo que es más importante en la vida.*

He escuchado muchas veces la misma historia relatada por personas que han sobrevivido enfermedades del corazón y cáncer. Se despiertan y se dan cuenta de que estaban equivocadas sobre las prioridades de sus vidas. Hicieron del dinero, el éxito y la perfección algo más importante que el simple hecho de amar a las personas que tenían cerca y disfrutar lo que la vida les ofrecía a diario. Se exigen menos cuando pueden apreciar el simple hecho de estar vivos.

Lo que queremos es evitar llegar al final de nuestras vidas para aprender esta lección. Si empezamos por neutralizar los efectos debilitantes del estrés, podremos deshacernos de la ilusión de que no tenemos el tiempo o la energía para amar y apreciar a las personas más importantes para nosotros.

A las mujeres les encanta cuidar de los demás. Pero cuando están estresadas se les olvida que están haciendo lo que más les gusta hacer, lo que alimenta su alma. En lugar de dar con toda libertad, sentirán resentimiento por hacer las cosas que les encantaba hacer.

A los hombres también les gusta dar, pero a su manera. Los hombres se sobreponen a las dificultades y sacrificios que se les pide para tener éxito en su trabajo y así poder encargarse de sus seres amados. Bajo condiciones de estrés, al hombre se le olvida la verdadera razón por la que trabaja tan duro. Sin una pareja o una familia a quien cuidar, su vida está vacía. Proteger y servir a su esposa y familia le da significado y sentido a su vida.

Así como el papel de la mujer en la vida se ha extendido hasta ser un socio de su pareja para proveer financieramente a la familia, la función del hombre se ha extendido más allá de ser el único proveedor. Ahora, también debe proveer, en cierta medida, de apoyo emocional para ayudar a su esposa a enfrentarse al nuevo estrés que tiene en su vida.

Los muchos misterios del sexo opuesto

Comprender las diferencias en nuestras hormonas y en la anatomía del cerebro nos da acceso a un nuevo entendimiento que nos ayuda a explicar los misterios del sexo opuesto. Quizá sea necesaria toda una vida para que nos entendamos con plenitud nosotros mismos y con nuestra pareja, pero la información y las técnicas que se ofrecen en *¿Por qué chocan Marte y Venus?* nos pueden unir. Muchas cosas que antes no tenían sentido ahora lo tienen. Esta comprensión puede enriquecer nuestra vida en conjunto.

Lo que antes era molesto ahora puede volverse humorístico. Lo que antes lastimaba nuestros sentimientos ya no lo hace. Y si antes nos sentíamos frustrados o impotentes al querer comunicar nuestro amor y necesidades, ahora tenemos esperanza para el futuro.

Marte y Venus no tienen que chocar. Juntos pueden conquistar el estrés creando una vida entera de amor.

Compartir tu corazón con otros

Agradezco que hagas de tus relaciones y del amor la prioridad de tu vida. Espero que ahora tengas mayor conciencia de las razones por las que chocan Marte y Venus y, como resultado, que puedas comenzar a crear más amor en tu vida. Realmente te lo mereces, como todos los demás. Me siento honrado por haber compartido mi corazón contigo y espero que tú sigas compartiendo tu corazón con los demás.

Te invito a que participes conmigo en ayudar a otros a experimentar esta nueva comprensión. Se pueden salvar tantas familias; se pueden sanar tantos corazones. Comparte este libro con tu familia, amigos e hijos, no sólo cuando estén afligidos y confundidos, sino también antes de que ocurran los enfrentamientos. Crear una vida de amor es nuestro desafío compartido y, juntos, si compartimos nuestros corazones, podemos hacer que nuestros sueños se vuelvan realidad.

Fuentes

El material científico que aparece en los capítulos 2 y 3 es de común aceptación entre científicos y doctores en medicina. A continuación, se muestran varias referencias en internet que ofrecen información general accesible y no demasiado técnica.

Acerca de las diferencias entre los cerebros

Baron-Cohen, Simon, "They Just Can't Help It", *Guardian Unlimited*, http://education.guardian.co.uk/higher/research/story/0,,938022,00.html, 17 de abril de 2003.

Hamann, Stephan, "Sex Differences in the Responses of the Human Amygdala", en *Neuroscientist*, vol. 11, núm. 4, 2005, pp. 288-293, http://nro.sagepub.com/cgi/content/abstract/11/4/288

"How Brain Gives Special Resonance to Emotional Memories", adaptado de un comunicado de prensa de la Duke University en *Science Daily*, http://wwwsciencedaily.com/releases/2004/06/ 040610081107.htm, 10 de junio de 2004.

"Intelligence in Men and Women Is a Gray and White Matter", en *Today@ UCI* (University of California, Irvine), http://today.uci.edu/news/release_detail.asp?key=1261, 20 de enero de 2005.

Kastleman, Mark, "The Difference between the Male and Female

Brain", en SENS Self-Esteem Net, http://www.youareunique.co.uk/Pgender-brainII.htm

"Male/Female Brain Differences", http://www.medicaleducationon-line.org/index.php?option=com_content&task=view&id=46&Itemid=69, 25 de octubre de 2006.

"The Mismeasure of Woman", en *Economist*, http://www.econo mist.com/research/articlesBySubject/displaystory.cfm?subjectid=348945&st ory_id=E1_SNQVJQJ, 3 de agosto de 2006.

Sabbatini, Renato, "Are There Differences between the Brains of Males and Females?", web.archieve.org/web/20041214165825/http://www.cerebromente.org

Thornton, Jim, "Why the Female Brain Is Like a Swiss Army Knife", http://www.usaweekend.com/99_issues/990103/990103armyknife .html, 3 de enero de 1999.

"Women Have Better Emotional Memory", Associated Press, http://www.usatoday.com/news/nation/2002-07-22-memory_x.htm, 22 de julio de 2002.

Acerca de la testosterona

Girdler, Susan S., Larry D. Jammer y David, Shapiro, "Hostility, Testosterone, and Vascular Reactivity to Stress", en *International Journal of Behavioral Medicine*, vol. 4, núm. 3, 1997, pp. 242-263.

Mason, Betsy, "Married Men Have Less Testosterone", en *New Scientist*, http://www.newscientist.com/article/dn2310-married-men-have-less-testosterone.html, 22 de mayo de 2002.

Mitchell, Natasha, "Testosterone, The Many Gendered Hormone", http://www.abc.net.au/science/slab/testost/story.htm

"Testosterone Background", http://www.seekwellness.com/andropause/testosterone.htm

"Testosterone Tumbling in American Males", http://health.yahoo.com/news/168226, 27 de octubre de 2006.

Acerca de la oxitocina

Barker, Susan E., "Cuddle Hormone: Research Links Oxytocin and Socio-sexual Behaviors", http://www.oxytocin.org/cuddle-hormone/index.html

Foreman, Judy, "Women and Stress", http://www.myhealthsense.com/F020813_womenStress.html, 13 de agosto de 2002.

"Oxytocin", http://encyclopedia.thefreedictionary.com/ oxytocin.

Russo, Jennifer, "Womenkind: The Stress Friendly Species", http://www.ivillage.co.uk/workcareer/survive/stress/articles/0,,156473_1622 12,00.html.

Turner, R. A., M. Altemus, T. Enos, B. Cooper y T. McGuiness, "Preliminary Research on Plasma Oxytocin in Normal Cycling Women: Investigating Emotion and Interpersonal Distress", en *Psychiatry*, vol. 62, núm. 2, verano de 1999, pp. 97-113, también en http://www.oxytocin.org/oxy/oxy women.html

Uvnas-Moberg, K., "Oxytocin May Mediate the Benefi ts of Positive Social Interaction and Emotions", en *Psychoneuroendocrinology*, vol. 23, núm. 8, noviembre de 1998, pp. 809-835, también en http://www.oxytocin.org/oxy/love.html

Acerca del estrés

Eller, Daryn, "Stress and Gender", http://women.webmd.com/featu res/stress-gender-feature, 6 de noviembre de 2000.

"Cortisol", http://www.advance-health.com/cortisol.html

"Cortisol & Weight Gain", http://annecollins.com/weight-control/cortisol-weight-gain.htm

McCarthy, Lauren A., "Evolutionary and Biochemical Explanations for a Unique Female Stress Response: Tend-and-Befriend", http://www.per sonalityresearch.org/papers/mccarthy.html

Neimark, Neil F., "The Fight or Flight Response", http://www.thebo dysoulconnection.com/EducationCenter/fight.html

Stoppler, Melissa Conrad, "Stress, Hormones and Weight Gain", http://www.medicinenet.com/script/main/art.asp?articlekey=53304

"Stress, Cortisol and Weight Gain: Is Stress Sabotaging Your Weight and Health?", http://www.fitwoman.com/fitbriefings/stress.shtml

"The Stress System: Adrenaline and Cortisol", http://en.wikibooks.org/wiki/Demystifying_Depression/The_Stress_System

"Why Men and Women Handle Stress Differently", http://women.webmd.com/features/stress-women-men-cope.

Apéndice A. Reducir el estrés mediante una purificación ceclular

He sido testigo, en muchas ocasiones, de los diversos milagros de la purificación celular en miles de personas, tanto adultos como niños. En menos de siete días, los niveles de azúcar en la sangre se equilibran y la ansiedad por comer desaparece, la presión sanguínea se normaliza a medida que los niveles de estrés disminuyen, se pierden de dos a cuatro kilos de sobrepeso, la masa ósea empieza a aumentar y la necesidad de tomar antidepresivos y medicamentos para el desorden de déficit de atención se ve sustituida por un buen sueño, estados de ánimo positivos y energía en abundancia. Asesores Marte y Venus para este proceso de purificación están disponibles de manera gratuita para dar asistencia y apoyo, y para educar y motivarte a que sigas un programa de nutrición saludable para equilibrar las hormonas y estimular los químicos cerebrales saludables a diario. De la misma manera en que necesitamos tener destrezas para relacionarnos con el fin de estimular las hormonas saludables y los químicos cerebrales y así reducir el estrés, también necesitamos comer alimentos nutritivos y tomar suplementos saludables.

Las destrezas y los comportamientos para relacionarnos sólo estimulan al cuerpo para que produzca hormonas y químicos cerebrales saludables si cuentan con el material para hacerlo. Si sobrevives de comida chatarra, será más difícil que obtengas los resultados deseados, sin importar cuántas veces leas este libro. Con la asistencia gratuita del asesor Marte y Venus para el proceso de purificación podrás apoyar con más eficacia a tu relación si dedicas un tiempo a purificar tu cuerpo. Puedes visitar mi sitio en la red: MarsVenusWell nes.com para recibir esta asistencia o puedes llamar al 1-877-380-3053. Será muy beneficioso liberarte de las creencias y actitudes limitantes y a veces tóxicas al mismo tiempo que purificas tu cuerpo. Te invito a que participes en la Mars Venus Wellness Community y, después de algunos procesos purificadores, a que aprendas a asesorar a otros en el mismo procedimiento.

> *Las destrezas y los comportamientos para relacionarnos sólo estimulan al cuerpo para que produzca hormonas y químicos cerebrales saludables si cuentan con el material para hacerlo.*

Todo el mundo sabe, sin discusión alguna, que vivimos en un mundo repleto de químicos tóxicos que incrementan nuestros niveles de estrés y causan toda una serie de enfermedades. Y lo que es más importante, estas toxinas y químicos interfieren con la habilidad natural del cuerpo para curar enfermedades y lidiar con el estrés. En el caso de algunos tipos corporales, la acumulación gradual de toxinas produce mayor obesidad, cáncer y enfermedades del corazón, mientras que para otros significa osteoporosis, insomnio y desórdenes de ansiedad. Sería ingenuo pensar que el estrés no tiene efectos en nuestras relaciones. Así como necesitamos liberarnos de los viejos papeles y las estrategias en las relaciones que ya no funcionan, también tenemos que ayudar a nuestro cuerpo a liberarse de las toxinas que hemos acumulado a lo largo de nuestra vida. Cuando purificamos de forma regular nuestras células, estarán más capacitadas para absorber los nutrientes que necesitamos de los alimentos que comemos. Así como nuestros autos se ensucian y es necesario limpiarlos regularmente, lo mismo sucede con nuestros cuerpos. No basta con comer bien; necesitamos ayudar a nuestro cuerpo a limpiarse de los desechos tóxicos y ácidos que evitan que nuestras células puedan lidiar con el estrés para producir energía.

Me entusiasma compartir estas soluciones naturales para llevar una vida saludable y amorosa. Se ha requerido de todo un equipo de personas dedicadas a mejorar la salud y promover la felicidad, maestros en relaciones, escritores, asesores, investigadores, terapeutas, doctores, enfermeras, pacientes y participantes en seminarios a lo largo de treinta años para refinar y desarrollar muchos de los recursos que están disponibles en www.MarsVenusWell nes.com. Gran parte de este trabajo se realiza en la actualidad mediante reuniones y seminarios especiales en el Mars Venus Wellness Center que se ubica en el norte de California. Para mayor información sobre cómo asistir a un retiro o seminario en el Mars Venus Wellness Center impartido por mí o alguno de mis asesores, llama a 1-877-JOHNGRAY (1-877-564-64729).

Todos sabemos que las medicinas tienen efectos secundarios peligrosos y sólo deben usarse cuando la dieta y el ejercicio han fracasado. Aunque muchos doctores están entrenados en el tratamiento de enfermedades, saben muy poco sobre el fomento de la salud. En mi programa de televisión semanal que se presenta por internet en www.MarsVenusWellnes.com, exploro a profundidad los principios de la salud tanto para hombres como para mujeres. La solución de Mars Venus Wellness revela secretos para restaurar la salud sin la necesidad de consumir drogas. Además, encontrarás una variedad de recetas específicas para cada sexo y fórmulas saludables ya preparadas de comida rápida para ayudar tanto a los hombres como a las mujeres a obtener los nutrientes necesarios para producir químicos cerebrales saludables y para reducir los niveles de estrés. Los productos de Mars Venus Wellnes no sólo son buenos para tu salud, sino que también son sabrosos.

Además, el proceso purificador de siete días de MarsVenus no sólo mejora el funcionamiento del cerebro y la salud, sino que las personas que padecen de sobrepeso empiezan a adelgazar rápidamente. La pérdida promedio de peso para personas con sobrepeso que asisten a mi hacienda de purificación es de cuatro kilos a la semana. Las personas que no necesitan perder peso, no lo pierden.

Para recibir un libro electrónico gratis con información sobre este tratamiento totalmente natural para la purificación celular de todo el cuerpo, escribe a JG@MarsVenus.com.

Espero que compartas mi entusiasmo y empieces a hacer uso de todos estos recursos con todas las personas que conoces. Juntos podemos crear un mundo mejor, una relación a la vez.

Apéndice B. Crear una química cerebral de salud, felicidad y romance

E l estrés tiene mayor efecto en el cerebro de las mujeres que en el de los hombres. Debido al incremento de flujo sanguíneo en las partes emocionales del cerebro, una mujer tiene que producir más serotonina que el hombre para lidiar con el estrés. La producción de serotonina ayuda a que su cerebro se relaje y recuerde todas las cosas por las que debe estar agradecida. Si limpia y agrega suplementos a su plan alimenticio con proteínas fáciles de digerir, ácidos grasos omega-3, vitaminas B y orotato del litio, la mujer puede producir serotonina en abundancia.

La serotonina está asociada con el optimismo, la comodidad y la satisfacción: exactamente lo que la mujer requiere para contraatacar la ansiedad producto del aumento de estrés. Los hombres también necesitan serotonina para lidiar con el estrés, pero debido a que hay tanta actividad en la parte emocional de su cerebro, las mujeres agotan su provisión de serotonina mucho más rápido que los hombres. Además, los hombres almacenan cincuenta por ciento más serotonina para un caso de emergencia y lo hacen cincuenta por ciento de manera más eficaz. Es probable que esta diferencia sea el resultado evolutivo de la necesidad del hombre de enfrentarse a labores peligrosas requeridas para la protección de su familia. En la actualidad, las mujeres realizan trabajos tan estresantes como los de los hombres, pero sus cerebros no son tan eficaces para producir serotonina. Esto explica en parte la causa de que las mujeres estén tan estresadas en la actualidad. Comprender esto ayudará a los hombres a que se sientan más motivados para ayudar a las mujeres a resolver este problema.

Si una mujer logra estimular una mayor producción de serotonina en su cerebro, se enfrentará mejor al estrés. En la actualidad, se gastan miles de millones de dólares en medicinas para ayudar a las mujeres a aumentar con eficacia sus niveles de serotonina y así contrarrestar los efectos de la depresión y la ansiedad. Incluso los estimados más conservadores indican que las mujeres necesitan de por lo menos el doble de la cantidad de antidepresivos que los hombres. Mis cálculos indican que lo más probable es que requieran diez veces más. Aunque estos antidepresivos son una bendición para millones de mujeres, no reducen los efectos del estrés.

Uno de los muchos efectos secundarios de los antidepresivos es el aumento de hidrocortisona en el cuerpo. La hidrocortisona es la hormona del estrés. Cuando sube, nuestros niveles de energía bajan. Puede ser que una mujer se sienta mejor tomando antidepresivos, pero sus niveles de estrés aumentan en lugar de disminuir.

> *Los antidepresivos incrementan los niveles de estrés del cuerpo.*

La producción natural de serotonina reduce los niveles de estrés del cuerpo, pero los medicamentos para incrementar la serotonina en realidad aumentan los niveles de hidrocortisona. Cuando una mujer comienza a usar un antidepresivo de la clase ISRS (inhibidores selectivos de la recaptación de serotonina), sus niveles de hidrocortisona se duplican de inmediato. Como resultado, muchas mujeres empiezan a subir de peso y tienen menos energía. Otras mujeres no engordan, pero desarrollan una ansiedad por dulces y carbohidratos simples para obtener energía incrementando el riesgo de padecer pérdida ósea u osteoporosis. Un producto derivado del consumo excesivo de azúcar es el ácido láctico, que absorbe el calcio de los huesos. Consumir calcio adicional no resolverá el problema de la pérdida ósea en las mujeres si siguen comiendo carbohidratos en exceso y tienen elevados niveles de hidrocortisona. Puedes saber más sobre formas naturales de crear serotonina en mi libro *Marte y Venus: el libro de la dieta y el ejercicio*. Para recibir un correo electrónico gratis con información sobre este tratamiento totalmente natural para dejar los antidepresivos o para niños con TDA (trastorno de déficit de atención) o TDAH (trastorno de déficit de atención con hiperactividad), escribe a JG@MarsVenus.com.

Apéndice C. Enseñanza y asesoría Marte y Venus

En ocasiones el estrés es demasiado como para salir a una cita o para que las parejas casadas resuelvan sus problemas por sí solas. No importa lo que uno diga, las cosas sólo se ponen peor. Cuando la comunicación deja de ser posible, puede ser de gran utilidad ir a una asesoría o hablar con un asesor de relaciones Marte y Venus. Ellos están capacitados con los principios Marte y Venus y pueden ayudarte a reducir los niveles de estrés fungiendo como guías en sesiones de "Venus habla". También te pueden ayudar a encontrar las respuestas que buscas. No es necesario que los dos miembros de la pareja llamen. Sólo se necesita que una persona cambie su manera de ver las cosas para que toda la dinámica de la relación cambie. Al reducir tus propios niveles de estrés, desarrollarás la capacidad de sacar lo mejor de tu pareja y de ti mismo.

> *Sólo se necesita que una persona cambie su manera de ver las cosas para que toda la dinámica de la relación cambie.*

Las sesiones de "Venus habla" y otros procesos para solucionar conflictos emocionales pueden también ser útiles para los hombres igual que lo son para las mujeres. La gran diferencia entre hombres y mujeres es que el hombre puede estar disponible para la mujer, pero no se recomienda que una mujer esté disponible de esta manera para el hombre. Cuando una mujer escucha demasiado las emociones y problemas de un hombre, se vuelve maternal y esto reduce la atracción sexual que siente por él. Cuando un hombre necesita apoyo emocional para liberarse del estrés, lo mejor es pedir ayuda a un consejero o asesor.

Un asesor o consejero de Marte y Venus puede ayudar a sacar lo mejor de nosotros cuando nuestros compañeros no pueden. Los asesores nos ayudan a recordar quiénes somos y cuáles son nuestras opiniones. Con suma frecuencia el estrés limita la visión de nuestras posibilidades. Cuando estamos alterados, no podemos ver el cuadro en su totalidad. Hablar con alguien que no está involucrado directamente nos libera para que podamos dar un paso atrás y ver la situación desde otra perspectiva.

El beneficio adicional de la asesoría por teléfono es su facilidad. Es totalmente privada, no tienes que salir de tu casa y no tienes que comprometerte a una terapia a largo plazo. Puedes conseguir ayuda rápida justo cuando la necesitas. Y es más económica. Puedes tener el mismo asesor durante un largo periodo o puedes cambiar todas las veces que quieras. Todos los asesores están capacitados con los principios de Marte y Venus, pero si llegas a tener un asesor preferido, puedes con toda facilidad pedir su asistencia.

Las personas cometen el error común de pensar que deben resolver los problemas en su relación por sí solas. Esto se debe a que pensamos que el problema radica en nuestro compañero; concluimos que o se trata de la persona equivocada o que no está dispuesto a cambiar y pedir ayuda. Esto es un gran error. Esta actitud no sólo es arrogante sino que te convierte en víctima, lo que te deja atorado en una situación peor.

> *Se necesitan dos personas para crear un conflicto,*
> *pero sólo uno para empezar a resolver la situación.*

Contar con un asesor que escucha tus sentimientos puede ayudar a estimular la producción de oxitocina en el caso de las mujeres, y la de la testosterona en el caso de los hombres. Tener a alguien que entiende el punto de visa femenino ayudará a estimular la producción de oxitocina, mientras que contar con alguien que aprecie los esfuerzos masculinos y que lo apoye en la resolución de problemas ayudará a estimular la producción de testosterona. Los asesores de Marte y Venus están capacitados para dar apoyo específico al hombre o la mujer, algo que muchos otros asesores y consejeros ni siquiera conocen.

Conseguir ayuda es una afirmación de que no eres una víctima ni de tu pareja ni del mundo. Al tomar la decisión para mejorar las cosas, de inmediato estás cambiando la dinámica de tus relaciones. Descubrirás cómo puedes estar empeorando todo y cómo puedes mejorarlo. Con nuevos conocimientos y comprensión, podrás con toda facilidad ir más allá del sentimiento de víctima y conseguir más de lo que quieres, necesitas o te mereces. Si tienes necesidad de hablar o de que alguien conteste tus preguntas llama a un asesor de Marte y Venus a 1-888-MARSVENUS (1-888-627-783687).

Visita el mundo en línea de
John Gray y Marte y Venus

MarsVenus.com

- Comunícate con personas que padecen dificultades similares en su relación en los tableros de mensaje gratuitos de MarsVenus.com.
- Lee sobre el romance, las separaciones y las diferencias entre hombres y mujeres; se publican nuevos artículos semanalmente.
- Contesta nuestros cuestionarios especialmente diseñados que contienen consejos informativos y entretenidos para ayudarte a renovar tu vida amorosa.
- Encuentra libros electrónicos gratis, artículos de fondo, correos electrónicos con consejos semanales, cuestionarios y mucho más...

MarsVenusWellness.com

Sintoniza el programa semanal de radio y televisión por internet del doctor John Gray. El doctor Gray explica todas las semanas cómo aplicar sus conceptos de *relaciones* y *salud*.

Relaciones: las estrategias de *Los hombres son de Marte y las mujeres son de Venus* cobran vida cuando el doctor Gray ofrece sus conocimientos para reducir el estrés y para cuidar y proteger una larga y feliz relación.

Salud: *Salud Marte y Venus* ofrece conocimientos específicos de las necesidades únicas de los hombres y de las mujeres para crear una salud, equilibrio hormonal y química cerebral óptimos. Descubre los secretos de la salud que no enseñan en las escuelas de medicina. Aprende cómo la depuración y una adecuada nutrición puede ayudar a tu cuerpo a controlar de manera eficaz el estrés. Haz pequeños cambios pero significativos en tu estilo de vida para crear y conservar la concentración a largo plazo, un estado de ánimo estable y energía en abundancia.

Si quieres conocer ejemplos que te sirvan de inspiración, información importante, consejos útiles, recetas, menús y noticias, te invitamos a que visites MarsVenusWellness.com. ¡Aumenta tu conciencia para tomar mejores decisiones!

Participa en la Mars Venus Global Wellness Community y recibe información e inspiración semanal para crear una vida de amor y salud duraderos.

John Gray Seminars
20 Sunnyside Ave Suite A-130
Mill Valley, Ca 94941
1-877-JOHNGRAY (1-877-5646-4729)

Esta obra fue impresa y encuadernada
en marzo de 2008 en los talleres
de Taller de Libros, S.L.
Se localiza en la calle Juan Bautista Escudero, 10
Pol. Industrial Las Quemadas,
Córdoba (España)